TRISTAN BERNARD

le Danseur Inconnu

ILLUSTRÉ PAR LES
PHOTOGRAPHIES
DU FILM

CINÉMA-BIBLIOTHÈQUE publiée par les ÉDITIONS JULES TALLANDIER est une COLLECTION UNIQUE EN FRANCE

Cette collection offre un choix énorme et varié de lectures : **LITTÉRAIRE, ROMANESQUE, POPULAIRE, THÉÂTRALE.**

comprend trois séries différentes :

1re série : Format in-8 raisin. Couverture en couleurs, fond rouge, photographie en couleurs dans l'ovale. 4.» le volume (par poste 4.45)

2e série : Format in-4 couronne. Couverture en couleurs, encadrements variés de formes et de tons, photographie en couleurs dans rectangle ou carré. 4.» le volume (par poste 4.45)

3e série CINÉ-OR : format in-4 couronne. Couverture en couleurs avec fond or. Série réservée aux productions de tout premier ordre. Environ 130 à 150 photos dans chaque volume, tirées en Héliogravure. 5 fr. le vol. (par poste 5.45)

L'illustration abondante et soignée est constituée avec les **MEILLEURES PHOTOGRAPHIES DES FILMS.**

Catalogue des Ouvrages en vente :

(Les ouvrages précédés du signe ★ peuvent être mis entre toutes les mains)
Pour les commandes par numéros, prière d'indiquer la série.

1re Série

Format in-8° raisin. Couverture en couleurs fond rouge, photographies en couleurs dans l'ovale. — **4 fr. le Volume**

(Voir suite page 3 de la couverture)

André ROANNE, l'interprète du rôle d'Henri Calvel.

Le Danseur Inconnu. — I.

TRISTAN BERNARD

LE DANSEUR INCONNU

COMÉDIE EN TROIS ACTES

Nombreux hors-texte d'après les photographies

des

CINÉROMANS-FILMS DE FRANCE

Edition
PARIS CONSORTIUM

CINÉMA
BIBLIOTHÈQUE

ÉDITIONS JULES TALLANDIER
75, Rue Dareau - PARIS (xivᵉ)

LE DANSEUR INCONNU

ACTE PREMIER

SCÈNE PREMIÈRE

M. BAUCHAMP, UN MONSIEUR.

LE MONSIEUR. — Dites donc, Bauchamp, ce n'est pas ici qu'on joue au bridge ?

BAUCHAMP. — Non, c'est dans l'autre salon, mon ami.

LE MONSIEUR. — Eh bien ! mon brave Bauchamp, vous êtes content, hein ? C'est un beau jour pour vous ! Quand on marie sa fille...

BAUCHAMP. — Oui, mais je vais me trouver bien seul.

LE MONSIEUR. — Est-ce que la jeune mariée n'habitera pas avec vous ?

BAUCHAMP. — Elle dit ça maintenant, mais avec un jeune ménage, on ne sait jamais comment ça tournera.

LE MONSIEUR. — Elle est charmante aujourd'hui. Cette robe... en je ne sais pas quoi... moi, je ne m'y connais pas en robes,

ça a dû vous coûter cher, cette étoffe-là !

BAUCHAMP. — Oh ! oui, ça revient très cher, très cher.

LE MONSIEUR. — Et cette soirée ? (*Bauchamp lève les yeux au ciel.*) C'est une bonne idée que de l'avoir donnée dans un hôtel ! Comme ça, on ne bouleverse pas l'appartement. Et puis, vous avez tant de monde ! Mais ça doit vous coûter chaud ?

BAUCHAMP. — Quinze francs par tête, et nous aurons à l'hôtel un minimum de trois cents personnes... D'ailleurs, il est bien dépassé.

LE MONSIEUR. — Comment fait-on le contrôle ?

BAUCHAMP. — Eh bien ! ils ont un employé à la porte ; il compte les invités, et je vous assure qu'il les compte bien.

LE MONSIEUR. — Et vous avez partagé les frais avec la famille du marié ?

BAUCHAMP. — Oui... oui... je n'ai pas voulu chicaner, bien qu'ils aient beaucoup plus d'invités que moi. Ils connaissent tout Paris, ces animaux-là !

LE MONSIEUR. — Le marié a encore ses parents ?

BAUCHAMP. — Il a sa mère que voici. Voulez-vous que je vous présente ?

LE MONSIEUR. — J'ai déjà eu l'honneur d'être présenté à madame... Tombelle. (*En se croisant avec Mme Tombelle.*) Madame.

SCÈNE II

BAUCHAMP, Mme TOMBELLE.

Mme TOMBELLE, *au monsieur qui sort.* — Monsieur... (*A part.*) Encore un invité ! (*A Bauchamp.*) Il y a un monde fou ! Il y a là-bas des gens que je ne connais ni d'Eve ni d'Adam... Vous avez invité tout Paris ?

BAUCHAMP, *furieux.* — Comment, madame, pouvez-vous dire cela ?

Mme TOMBELLE. — Il me semble que tous ces gens-là qui entrent ici et qu'on ne connaît pas, on pourrait bien leur demander leur invitation.

BAUCHAMP. — Eh bien ! il paraît que ça ne fait pas ; c'est l'usage, au contraire, de ne rien demander.

Mme TOMBELLE. — C'est un usage inventé par les patrons d'hôtel. Comme ça, entre qui veut... à quinze francs par tête. Ils inviteraient eux-même des gens que ça ne m'étonnerait pas. (*Un monsieur entre.*) Encore un !

SCÈNE III

LES MÊMES, UN MONSIEUR.

LE MONSIEUR, *pendant que Mme Tombelle le regarde avec hostilité, à Bauchamp.* —

Cher ami, j'ai toutes les excuses de ma femme à vous présenter. Elle est souffrante, elle est très souffrante, et elle n'a pu venir.

BAUCHAMP, *distraitement.* — Eh ! Elle n'est pas si souffrante que ça, puisque vous voilà !

LE MONSIEUR. — Si, si, si ! Elle ne va pas bien. Je serais bien resté auprès d'elle, mais je tenais à venir l'excuser.

Mme TOMBELLE, *à part.* — On se serait contenté d'un petit bleu.

LE MONSIEUR, *à mi-voix.* — C'est la mère de votre gendre, n'est-ce pas ? Voulez-vous être assez aimable pour me présenter ?

BAUCHAMP. — Madame Tombelle, voulez-vous me permettre de vous présenter mon ami, M. Buzardin.

LE MONSIEUR, *étonné.* — Buzardin ! Mais non, voyons, Mentel, Charles Mentel.

BAUCHAMP. — Mais oui ! mais oui ! Mentel !... Voyons, où avais-je la tête ? Mon vieil ami, M. Mentel...

LE MONSIEUR, *souriant.* — Je disais aussi...

(*Il sort.*)

BAUCHAMP, *à Mme Tombelle.* — J'ai toujours cru qu'il s'appelait Buzardin... Ce qu'il y a d'ennuyeux maintenant c'est que je ne sais plus qui est Buzardin... Où le retrouverai-je ?

Mme TOMBELLE. — Soyez tranquille, vous le retrouverez ici... Il y a ici tous les gens que vous connaissez en plus de ceux que vous ne connaissez pas... Vous avez invité le Bottin !

BAUCHAMP, *énervé.* — Oh ! Ecoutez, madame Tombelle, je ne veux pas entamer de discussion avec vous, mais vous avez trois fois plus de monde que moi.

Mme TOMBELLE. — Je sais bien que je connais plus de monde que vous, c'est ce qui vous gênait un peu ; je m'en suis bien aperçue. Pour ne pas être en reste, vous avez voulu en inviter plus que moi.

BAUCHAMP, *énervé.* — Nous comparerons nos deux listes, madame.

(Entrent trois invités. L'un va à Bauchamp. Il paraît un peu gris.)

UN DES INVITÉS, *à Bauchamp.* — Bonjour, cher ami, j'ai failli ne pas venir. J'ai été retenu au dîner des anciens élèves de Sainte-Barbe. Je me suis même permis de vous amener deux barbistes... Permettez-moi de vous les présenter : Monsieur Bauchamp... Mes amis...

(Ils s'éloignent.)

BAUCHAMP. — Parfait ! Parfait ! *(A Mme Tombelle.)* Il est ivre !

Mme TOMBELLE, *à Bauchamp.* — C'est votre invité ! Il nous amène pour trente francs de barbistes ! C'est heureux qu'il n'arrive pas pas avec toute l'association.

(Entre Henri, par la porte du fond, à gauche.)

SCÈNE IV

Mme TOMBELLE, BAUCHAMP, HENRI, puis BARTHAZARD.

Mme TOMBELLE, *à Bauchamp.* — C'est encore un des vôtres, celui-là ?

BAUCHAMP, *avec empressement.* — Non, non ! Je ne le connais pas !

Mme TOMBELLE. — C'est assurément un des vôtres ; je ne l'ai jamais vu.

BAUCHAMP. — Je suis certain de ne pas le connaître ; il n'est pas venu me féliciter.

Mme TOMBELLE. — Il ne m'a rien dit non plus.

BAUCHAMP. — C'est peut-être un ami de votre fils que vous ne connaissez pas. *(Tristement, en voyant Henri s'approcher de la table.)* Voilà qu'il va aux cigares !

Mme TOMBELLE. — Oh ! les cigares, moi, ça ne me regarde pas. C'est vous qui les avez fournis, selon nos conventions...

BAUCHAMP. — J'ai peut-être eu tort.

Mme TOMBELLE. — Il en essaye un. Il n'est pas à son idée. Il le met dans sa poche.

BAUCHAMP. — Charmant ! Il le fumera chez lui.

Mme TOMBELLE. — Il en prend un autre pour ici. *(Un temps.)* Il le met aussi dans sa poche.

BAUCHAMP. — J'aime mieux m'en aller. Je ferais un scandale !

Mme TOMBELLE. — Voulez-vous que j'en fasse un ?

BAUCHAMP. — Non ! Non ! Tout de même, ne dites rien...

(Henri sort par la porte à gauche. Barthazard entre par l'entrée des invités, premier plan.)

BARTHAZARD. — Bonjour, cher ami ! Et tous mes compliments... J'ai une commission à vous faire de la part de Choulet. Il ne pourra venir, il est grippé.

BAUCHAMP. — Il fait bien de garder la chambre par ces temps-ci !

BARTHAZARD. — J'ai fait tout ce que j'ai pu

pour vous l'amener... Enfin, vous avez déjà pas mal de monde.

Mme TOMBELLE. — Ce n'est pas ça qui manque.

BAUCHAMP, *présentant.* — Madame Tombelle ! Monsieur Barthazard !

BARTHAZARD. — Madame !... Tout à l'heure, en même temps que moi, il est entré près de quinze personnes. (*Mme Tombelle sursaute.*) Je crois que c'était une bande de touristes anglais.

Mme TOMBELLE, *à Bauchamp.* — Vous avez invités des clubs anglais ?

BAUCHAMP. — Je ne sais ce que ça veut dire !

Mme TOMBELLE. — Oh ! il faudrait aller mettre ordre à ça !

(*Elle sort précipitamment, suivie de Bauchamp. Henri, qui était sorti un instant, entre en ce moment par la droite.*)

SCÈNE V

HENRI, BARTHAZARD.

BARTHAZARD. — Tiens ! Henri ! Tu connais donc les Bauchamp ?

HENRI. — Qu'est-ce que c'est que ça, les Bauchamp ?

BARTHAZARD. — Les parents de la mariée.

HENRI. — Pas du tout !

BARTHAZARD. — Ah ! Tu ne connais pas les Bauchamp. Tu es donc ami des Tombelle ? Je ne savais pas que tu les connaissais.

HENRI. — Les Tombelle ? Qui est-ce, ça, les Tombelle ?

BARTHAZARD. — Les parents du marié. Comment, tu ne connais ni les Bauchamp, ni les Tombelle ? Qui est-ce qui t'a invité ?

HENRI. — Personne.

BARTHAZARD. — Alors, comment es-tu ici ?

HENRI. — Je suis venu. Il y avait de la lumière, je n'avais pas dîné, j'étais en habit. Tu n'admires pas mon habit ?

BARTHAZARD. — J'admire ton habit.

HENRI. — C'est l'habit de Gonzalez, un traducteur espagnol, qui est dans mon hôtel... Regarde mes bottines vernies.

BARTHAZARD. — Très bien.

HENRI. — Elles appartiennent à un chef d'orchestre qui demeure aussi dans mon hôtel. Par exemple, j'ai un chapeau haut de forme, un huit reflets extraordinaire. Il est malheureusement au vestiaire... C'est un chapeau fait sur mesure... pas pour moi... mais il a été fait sur mesure... Je n'ai qu'à le mettre un petit peu sur l'oreille et il tient très bien sur la tête.

BARTHAZARD. — Alors quoi ? Tu n'as toujours aucune ressource dans la vie ? Je croyais que tu gagnais de l'argent avec tes dessins d'ameublement ?

HENRI. — Oh ! bien peu de chose : cent cinquante francs par mois... et encore ! pas très régulier... Mais je n'ai pas que ça. Je suis représentant d'une maison allemande, de la maison Dichmuller... C'est quelqu'un, au café, qui m'a procuré ça...

BARTHAZARD. — Et qu'est-ce qu'elle fabrique, la maison Dichmuller ?

HENRI. — Je ne sais pas au juste... Je ne connais pas l'allemand. Je sais qu'ils fabriquent du fer, quelque chose en fer. Un métal...

BARTHAZARD. — Alors, tu ne sais pas quels produits tu vends ?... Comment fais-tu pour en vendre ?

HENRI. — Je n'en vends pas. Tout ce que je sais sur le produit en question, c'est que personne n'en demande, et que, moi, je n'ai pas l'occasion d'en proposer. Mon chiffre d'affaires se maintiendra très longtemps au même niveau... Il ne diminuera pas. C'est déjà quelque chose. Enfin, mes patrons n'ont pas l'air trop mécontents de moi. J'ai reçu, ce matin, une lettre de M. Dichmuller, une lettre en allemand dont le traducteur espagnol m'a traduit quelques lignes. Je devais dîner avec mon patron à huit heures. J'avais rendez-vous dans un café du boulevard. Comme je n'étais pas très sûr du signalement de mon patron, et qu'à huit heures et demie personne ne s'était approché de moi, j'ai fini par demander à tous les consommateurs nouveaux s'ils s'appelaient ou non M. Dichmuller. C'est curieux, c'est curieux ce qu'il y a de personnes qui ne s'appellent pas M. Dichmuller ! Faute de Dichmuller, à neuf heures, j'avais faim. Alors, j'ai profité de ce que j'étais en habit pour venir ici, au bal. J'ai vu des fenêtres très éclairées. J'ai mangé quelques sandwiches au buffet, avec un consommé en guise de potage ; j'ai mangé le dessert à un autre bout du buffet, sous forme de quelques gâteaux. J'ai pris deux petits verres, et je viens fumer ici, où la Providence a mis des cigares. La vie est belle !... Mon vieux, je serais le plus heureux des hommes si le traducteur, propriétaire de cet habit, était un peu plus large d'épaules !

BARTHAZARD. — Oui ! oui ! oui ! Tout ça, c'est très gentil, mais ça n'est pas une existence pour un garçon comme toi. Tu es instruit, tu es très instruit, tu as été élevé dans une famille riche, puisque tes parents, pendant toute ton enfance, ont possédé une assez grosse fortune.

HENRI. — Ils ne l'ont pas gardée.

BARTHAZARD. — Ce sont des choses qui arrivent. N'empêche que les choses qui t'arrivent, tu t'y résignes assez facilement ! Mais un garçon comme toi a d'autres choses à faire dans la vie qu'à se résigner ! Ah ! ça m'ennuie de te voir arriver ici en intrus !

HENRI. — Eh bien ! je ne peux y venir que comme ça. D'abord, je ne demanderais pas mieux que d'avoir de belles fréquentations et que d'être un homme chic comme toi, mais il faudrait commencer pour ça par avoir quelques sous.

BARTHAZARD. — Mais est-ce que je suis plus riche que toi, moi ?

HENRI. — Je ne dis pas que tu sois riche, mais tu as quelques ressources tout de même. Tu as de l'argent, tu as des billets de banque ! Chaque fois que tu as ouvert ton portefeuille devant moi, j'ai toujours vu des billets de banque dedans.

BARTHAZARD. — Ça tient sans doute à ce que je ne l'ouvre que lorsqu'il y a des billets dedans.

HENRI. — Comment ! Alors, tu serais aussi un purotin ! Ça me fait plaisir de trouver un collègue !

BARTHAZARD. — Oh ! bien, s'il ne te faut que ça pour te faire plaisir, tu en trouveras encore quelques autres, et ici même, tu sais. Il y en a comme moi qui sont bien heureux d'arriver, au prix de grands efforts, à avoir devant eux, pour toute fortune, quelques

•entaines de francs... Il est vrai que l'important est de les avoir.

HENRI. — Comment fais-tu pour ça?

BARTHAZARD. — Eh bien! je fais des dettes.

HENRI. — Tu fais des dettes? Mais comment les payes-tu?

BARTHAZARD. — Je ne les paye pas. Il y a un moyen bien simple de ne pas payer ses dettes : c'est de ne pas vouloir les payer. Ce qui perd les débiteurs, c'est qu'ils ont des velléités de s'acquitter ! A quoi bon? Il faut savoir dans son for intérieur qu'on ne payera pas. Alors, on est tranquille. Ça donne de l'assurance dans la vie. Quand on demande une remise à un créancier, on lui dit : « Je vous payerai dans quinze jours », on veut être de bonne foi, on a l'espérance qu'on le payera. Si on n'a pas cet espoir, on fait tout ce qu'on peut pour se le donner à soi-même. Mais cette espérance ne suffit pas à vous donner l'assurance nécessaire. On dit : « Je vous payerai », mais on dit ça très mal ; tandis que, quand on est sûr de ne pas le payer, quand on en a pris son parti, on a la carrure, la fermeté qu'il faut pour lui affirmer qu'on le payera.

HENRI. — C'est très joli, tout ça, mais ça me fait un peu peur.

BARTHAZARD. — Oh ! je ne dis pas que ce soit toujours commode et qu'on se résignerait à cette existence si on devait la mener toute sa vie. On est tout de même soutenu par l'espérance que ça changera un jour. On attend le grand moment, le grand moment de la fortune, et, en attendant, on mène une vie préoccupée, une vie difficile. C'est le purgatoire de la richesse, mais il faut y passer. Pour arriver à être riche, il faut venir dans les endroits où il y a de l'argent. On ne rencontre pas de mines d'or vierge à Paris : il faut s'introduire dans les mines d'or monnayé. Mon petit Henri, tu n'as qu'à faire comme moi pour arriver à la fortune.

HENRI. — Eh bien ! qu'est-ce que tu veux, mon vieux, je n'y tiens pas. Je mène une vie un peu dure, mais en somme, assez tranquille. Je ne crève pas précisément de faim. J'ai, de temps en temps, de quoi faire une manille au café... J'ai quelques ardoises à droite et à gauche. Moi, ce qu'il me faut maintenant, c'est avoir assez pour ne pas crever de faim et pour offrir, de temps à autre, un verre à un ami... Tu ne veux pas venir prendre un verre de champagne au buffet?

BARTHAZARD. — Je te remercie, je veux bien. (*Henri, s'approchant de la boîte de cigares, en prend un.*) Mais qu'est-ce que c'est que cette vie pour toi? Venir prendre des cigares, des cigares comme ça ! (*Il tire un porte-cigares de sa poche et le remplit peu à peu de cigares.*) Ça n'est pas digne de nous, ces choses-là ! (*Il reprend des cigares.*) Ça n'est pas digne de nous !

(*Ils sortent ensemble.*)

SCÈNE VI

LOUISE, GILBERTE, JEANNE entrent.

LOUISE. — Ah ! une glace ! Ah ! Enfin, voilà un quart d'heure que je cherche une glace !... On va pouvoir se rectifier un peu et être tranquilles un moment... Mais qui est-ce qui est de sentinelle ?

GILBERTE, *à la porte*. — De sentinelle ?

LOUISE. — Oui, tu vas voir... Tu vas te mettre à l'entrée, à droite, et tu nous signaleras l'arrivée de la redoutable Mᵐᵉ Tombelle, la mère du marié. Elle veut absolument donner de l'animation à son bal. Alors, elle se promène avec de malheureux jeunes gens qu'elle tient à faire tourner et à qui elle nous présentera, de gré ou de force.

JEANNE, *à Louise qui se regarde dans la glace*. — Comment trouves-tu Alice ?

GILBERTE. — Quelle Alice ?

LOUISE. — La mariée.

JEANNE. — Elle était rouge tout à l'heure. Alors elle s'est mis de la poudre et elle a l'air de ces gâteaux trop sucrés, tu sais, de ces pâtisseries de village.

LOUISE. — Elle est encore là-bas, je crois.

JEANNE. — Et elle a dit qu'elle ne s'en irait qu'à la fin du bal.

LOUISE. — Elles disent toutes qu'elles ne s'en iront qu'à la fin du bal.

GILBERTE. — Pourquoi ça ?

LOUISE. — Parce qu'elles ont peur que le marié ne leur demande pas de s'en aller plus tôt.

JEANNE. — Quelle drôle d'idée de donner un bal ! Ça ne se fait plus.

LOUISE. — Ça ne se fait plus, mais le père... Machin... Bauchamp... enfin le père d'Alice, quoi !... comme la mère Tombelle, ils sont dans les chambres syndicales. Ils ont beaucoup de relations parmi les commerçants... C'est un bal réclame...

GILBERTE. — Voilà Berthe ! Faut-il la laisser entrer ?

LOUISE. — Mais oui ! Tu es bête, voyons !

SCÈNE VII

LES MÊMES, BERTHE.

BERTHE. — Je suis en train de dépister quelqu'un, Georges Herbert, à qui j'ai promis une valse.

LOUISE. — C'est un engagement.

BERTHE. — Ça ne compte pas ; je ne serai majeure que dans un an.

LOUISE. — Mais pourquoi le fuis-tu ? Il a les meilleures intentions, ce garçon-là ! Il veut t'épouser et il a trois millions.

BERTHE. — Je veux me marier selon mon cœur. Regarde Alice, la mariée d'aujourd'hui. Crois-tu qu'elle aime son mari ?

LOUISE. — Elle l'épouse... on ne peut pas tout faire à la fois.

BERTHE. — Eh bien ! moi, je vais essayer de tout faire à la fois ; si je ne réussis pas, il sera toujours temps de faire une fin et de se jeter dans un beau mariage. En attendant... (*Regardant vers la porte.*) Oh ! mes enfants, le voilà qui vient... Vous ne m'avez pas vue. Je suis rentrée me coucher, hein ?

LOUISE. — Nous ne savons pas mentir.

BERTHE. — Apprenez. C'est très utile dans la vie.

(*Elle sort par la gauche, vivement, au moment où Herbert entre par la droite.*)

SCÈNE VIII

LOUISE, GILBERTE, HERBERT, JEANNE.

HERBERT. — Vous n'avez pas vu Mlle Gonthier ?

LOUISE. — Berthe ? Elle vient de s'en aller, elle vous cherche.

HERBERT. — Ah ! Elle n'en a vraiment pas l'air...

(Il remonte vers le fond.)

LOUISE. — Moi, je le trouve très bien, ce garçon-là... du moment qu'il fait la cour à une autre...

JEANNE. — Il a de l'allure... une allure un peu molle.

GILBERTE. — Mais de l'allure.

HERBERT, *redescendant.* — Voyons, mesdemoiselles, vous la connaissez, n'est-ce pas ? Dites-moi ce que cela signifie... Il y a dans son attitude vis-à-vis de moi quelque chose qui m'échappe complètement.

TOUTES LES TROIS. — Quoi donc ?

HERBERT. — Enfin, pourquoi est-ce que je ne lui plais pas ?

LOUISE. — Vous ne lui plaisez pas ? Qu'est-ce qui vous fait dire ça ?

HERBERT. — Mais c'est une impression que j'ai... Enfin, quoi ! j'admets qu'elle n'ait pas tout de suite pour moi un grand amour. S'il fallait toujours compter sur le grand amour !... Mais enfin, pourquoi me fuit-elle ?

GILBERTE. — Elle ne vous fuit pas.

HERBERT. — Est-ce que je suis un homme qu'on doive fuir ?

LOUISE. — Voyons !

HERBERT. — On ne sait jamais comment on est physiquement, mais plusieurs personnes m'ont dit que je n'étais pas mal. On m'a même dit que j'étais beau.

JEANNE. — Ça ne m'étonne pas... ça ne m'étonne pas qu'on vous l'ait dit.

HERBERT. — Je vous raconte ça sans aucune espèce de vanité... Je dis les choses comme elles sont... Ce n'étaient pas des personnes qui avaient pour moi une partialité spéciale... Ma mère me dit que je suis beau, mais enfin je ne compte pas ma mère, qui pourrait s'aveugler sur mon compte.

GILBERTE. — Elle ne s'aveugle pas...

HERBERT. — Et puis, je sais aussi que la beauté ne suffit pas, qu'il faut qu'un homme soit intelligent...

LOUISE. — Mais non, vous n'êtes pas bête.

HERBERT. — Je ne suis pas bête. Je suis certain de ne pas être bête... Je ne suis pas un être extraordinaire, évidemment, mais enfin, ma conversation n'est pas ennuyeuse ?

LOUISE. — Oh ! non ! pour ça, non !

HERBERT. — Je connais par cœur des quantités de mots d'esprit, et j'arrive à les placer très bien. Quelquefois on rit énormément... Je vais beaucoup à la Bourse, dans les grands restaurants... Toutes les histoires drôles, nouvelles, qu'il y a sur le boulevard, eh bien ! je suis en situation pour les connaître un des premiers... Les surnoms, je connais tous les surnoms ! J'en connais même qui ont été faits sur moi.

JEANNE. — Sur vous ?

HERBERT. — Ils sont idiots. Ils ne veulent rien dire... J'ai fait mon droit, enfin...

JEANNE. — Moi aussi.

HERBERT. — Je sais bien que c'est moins exceptionnel pour un homme que pour une femme, mais enfin, c'est toujours un titre important... Et puis, j'ai voyagé ; j'ai été en Allemagne, j'ai été en Suisse, en Italie... J'ai même fait une croisière dans un yacht... Je la raconte très bien...

LOUISE. — Vous me l'avez déjà racontée trois fois.

HERBERT. — Eh bien ! si je vous l'ai racontée plusieurs fois, vous avez pu remarquer que je change et que je ne raconte pas toujours la même chose... Ça prouve, n'est-ce pas, que je ne raconte pas comme un perroquet... Enfin, je ne suis pas un monsieur qui reste là à ne rien dire.

LOUISE. — Avec vous, la conversation ne languit pas.

HERBERT. — Non ! non !

(Silence prolongé.)

GILBERTE. — Il n'y a pas de journaux illustrés ?...

HERBERT, vivement. — Tenez, la lecture... J'ai lu énormément de livres. Je ne dis pas que j'ai tout retenu, mais j'en ai gardé pas mal. C'est assez drôle, n'est-ce pas ? j'ai l'air de vous vanter mes mérites...

LOUISE. — Mais non ! Pas du tout ! pas du tout !

HERBERT. — C'est qu'il n'y a pas de garçon moins vantard que moi. Seulement, je suis bien forcé de dire ce qui est, puisque personne ne le dit... Tenez, ça n'a pas une importance énorme, mais je valse remarquablement, et, quand je conduis un cotillon, on a l'air de mépriser ça, mais c'est tout de même quelque chose, je trouve sans cesse des idées amusantes... Il me semble que l'ensemble de tout ça devrait plaire à une jeune fille... Et, dans tout ce que je vous dis là, je n'ai pas voulu parler de ma fortune. Je n'en parle jamais. J'ai trois millions, mais ce n'est pas moi qui irai le crier sur les toits... Enfin, qu'est-ce que ça veut dire ? Pourquoi ne fait-elle pas la moindre attention à moi ? Est-ce que c'est une tactique ?

LOUISE. — Je n'en sais rien... mais ayez un peu de patience : elle finira peut-être par vous aimer !

TOUTES. — Certainement !

HERBERT. — Mais certainement, mais certainement ! Au fond, j'en suis persuadé. Seulement, qu'est-ce que vous voulez ? J'ai un peu d'impatience et un peu d'énervement. Quand je pense qu'il y a tant de jeunes filles qui ne demanderaient qu'à m'écouter, et que celle que je recherche... Mais c'est peut-être justement parce que je la recherche ?...

LOUISE. — Oui, c'est peut-être ça.

HERBERT. — Ecoutez. N'en parlez pas. Je vais adopter une tactique avec elle, nous verrons ce que ça donnera... Je l'ai invitée pour cette valse, je vais faire semblant de l'avoir oublié, et j'irai danser avec une autre.

LOUISE. — Oui, à votre place, c'est ce que ferais.

HERBERT. — C'est une idée. (Il va vers le fond.) Je la vois, là-bas, elle va revenir par ici. Si elle demande après moi, vous ne lui direz pas que j'ai demandé après elle.

TOUTES. — Non ! non !

(Il sort. Berthe entre.)

SCÈNE IX

LOUISE, BERTHE, GILBERTE.

Berthe. — J'ai trouvé quelque chose de très ingénieux à lui dire : c'est que le médecin m'a défendu de valser... c'est assez ingénieux pour lui.

Louise. — Ça prendra ! Ça prendra ! D'autant plus qu'il fait semblant d'avoir oublié ta valse... C'est une tactique chez lui... il veut voir si ça t'influencera.

Berthe. — Oh ! très bien ! très bien. Tâche donc de lui dire que sa tactique est excellente, mais qu'il faut qu'il s'y tienne toute sa vie.

Gilberte. — Alerte ! Je crois que voilà la maîtresse de maison qui nous cherche...

Louise. — Filons ! On ne peut pas être tranquille ! (*A Berthe.*) Tu viens ?

Berthe. — Non, non, je reste ici, elle ne m'aura pas... La valse m'est interdite.

(*Elles sortent par la gauche. Henri entre par la droite.*)

SCÈNE X

HENRI, BERTHE.

Henri, *à lui-même*. — Sixième verre de champagne !... ça va de mieux en mieux !... Tout tourne un peu autour de moi... Mais c'est une impression purement physique...

j'ai la tête tout à fait à sa place... une lucidité extraordinaire !... Seulement, je ferais bien un tour de valse... je tournerais en sens contraire, ça rétablirait l'équilibre de ce salon ! (*A Berthe.*) Mademoiselle, voulez-vous me permettre de vous demander cette valse ?

Berthe. — Monsieur, je ne danse pas.

Henri. — Ce n'est pas possible ! Vous devez aimer la danse, mais je sais pourquoi vous ne voulez pas danser : c'est parce qu'on ne m'a pas présenté à vous.

Berthe, *hésitante*. — Monsieur...

Henri, *vivement*. — C'est pour ça. Vous êtes une jeune fille bien élevée, et vous ne dansez pas avec les personnes qu'on ne vous a pas présentées... Et, sans doute, vous ne leur parlez pas non plus ? Oh ! comme vous avez tort !

Berthe. — Pourquoi cela ?

Henri. — Mais parce qu'il n'y a que les gens qui ne vous ont pas été présentés qui soient intéressants. Ils sont l'inconnu... je suis pour vous l'inconnu... comme vous êtes pour moi l'inconnue... Je ne sais pas si la vie nous rapprochera, je ne crois pas, et je vais même vous dire quelque chose d'assez désobligeant, c'est qu'il est peut-être souhaitable qu'elle ne nous rapproche jamais.

Berthe. — Mais pourquoi cela, monsieur ?

Henri. — Mais parce que jamais, sans doute, vous n'arriverez à produire sur moi une aussi jolie impression que celle que j'ai de vous en ce moment. Ce que je connaîtrais de vous, par la suite, ce serait peut-être très bien, mais ça ne dépasserait jamais ce que j'imagine déjà.

BERTHE. — C'est gentil pour votre imagination, mais ça l'est peut-être moins pour moi...

HENRI. — Si, c'est gentil pour vous. Ce que j'imagine a pour point de départ ce que je vois en ce moment. Je construis un rêve, un beau rêve, mais c'est d'après vous, d'après votre visage, d'après vos yeux... Je vous demande pardon, mademoiselle, de vous parler ainsi de vos yeux et de votre visage, bien qu'ils ne m'aient pas été présentés, mais je crois que je les connais désormais très bien et que je ne les oublierai pas de si tôt.

BERTHE. — Enfin, pour un monsieur qui ne me connaît pas, il me semble que vous me faites la cour.

HENRI. — Il me semble aussi. Et dire que peut-être... certainement, je n'oserais pas vous la faire si je vous connaissais. Encore un avantage à ne pas être présenté ! C'est étonnant ce que je gagne à ne pas être connu.

BERTHE. — Nous sommes au bal masqué.

HENRI. — Savez-vous ce qu'on fait quand on est au bal masqué ? On perd toute retenue, on se parle carrément de ses affaires de cœur.

BERTHE. — Oui, mais les jeunes filles comme moi ne vont pas au bal masqué... c'est un peu scandaleux.

HENRI. — Qu'est-ce que ça fait ? Le scandale restera entre nous, c'est un scandale intime. Nous sommes dans un bal de famille. Les gens qui passent peuvent supposer que nous nous connaissons.

BERTHE. — Oui, mais si un de mes parents venait par ici... J'ai au bal mon père et mes deux tantes.

HENRI. — Eh bien ! vous en serez quitte pour me présenter.

BERTHE. — Sous quel nom ?

HENRI. — A votre choix. Donnez-moi un titre si vous aimez la noblesse, ou présentez-moi comme un artiste.

BERTHE. — Ou un commandant de cavalerie.

HENRI. — Commandant, à trente ans, ce n'est pas mal !

BERTHE. — Ah ! vous venez de me dire votre âge et vous ne deviez rien me dire du tout.

HENRI. — Ah ! oui, oui, j'ai eu tort ; j'ai manqué à nos conventions. Mais je ne vous demande pas le vôtre...

BERTHE. — C'est l'âge des illusions.

HENRI, *d'un air dédaigneux.* — Oui.

BERTHE. — Pourquoi ce « oui » dédaigneux ? Est-ce que n'aimez pas la réponse que je vous ai faite ?

HENRI. — Non, je ne l'aime pas, c'est une réponse de bal. C'est même une réponse de bal blanc. Si je vous connaissais, je vous sourirais aimablement, avec une complaisance servile ; mais je ne vous connais pas, j'ai le droit d'être impoli et sévère pour une personne comme vous, qui pourriez ne pas me répondre avec des phrases toutes faites, des phrases de convention, à moi qui essaye d'en faire exprès pour vous !

BERTHE. — Voilà ! Si vous m'étiez présenté, je me donnerais peut-être plus de peine.

HENRI. — Cette demoiselle est vexée ! Cette demoiselle est vexée de ce que je lui ai dit ! Ah ! ah ! je lui ai révélé mon âge ! Voilà qu'elle me dévoile son caractère... Eh ! eh ! l'inconnu se dissipe peu à peu !

BERTHE. — Et je commence peut-être à vous produire une moins bonne impression.

HENRI. — Pourquoi ça ? Parce que j'ai découvert en vous une petite susceptibilité, une petite vanité intellectuelle ? Eh bien ! c'est que vous avez un peu de prétention, vous voulez être intelligente ; moi, je ne déteste pas les femmes un peu intelligentes... Evidemment, j'aime bien regarder une femme et l'admirer, mais je ne suis pas fâché qu'elle me donne autre chose, qu'elle me donne un peu de son charme, de son âme, de mes rêves ! Oh ! ce n'est pas un rêve extraordinaire, ni très original, c'est le rêve de tout le monde. Mon rêve serait d'avoir un gentil compagnon avec qui je pourrais voyager... nous nous amuserions des mêmes choses. Un autre moi-même, en qui je me retrouve, avec un visage plus flatteur. Une femme qui écoute bien, comme vous, avec le regard et le sourire que vous avez... Non, ne faites pas attention à ce que je vous dis, parce que, si vous faites attention, vous n'aurez plus ce même sourire et ce même regard... ils me sont nécessaires... il me semble que je m'améliore quand ils me couvent ainsi... Cette personne que je rêvais, eh bien ! je ne l'ai jamais rencontrée... Je sais qu'elle existe... elle est peut-être tout près de moi.

BERTHE. — Mais vous... est-ce qu'on vous a déjà aimé ?

HENRI. — Oui, oui ! Je suis content que vous m'ayez demandé ça, parce que je n'aurais jamais osé vous le dire, et je désirais vous le dire !

BERTHE. — Pourquoi ça ?

HENRI. — Pourquoi ça ? Voulez-vous que je vous le dise ? Si nous nous connaissions, je n'oserais peut-être pas vous le dire, mais je ne vous connais pas, je peux être franc ! Eh bien ! cela me ferait un très grand plaisir que vous m'aimiez... alors, je tiens sérieusement à vous plaire. Il me semble que, d'avoir été déjà aimé, c'est comme un petit ornement. En tout cas, c'est signe que je ne suis pas un paria, ça peut vous encourager à faire comme les autres. C'est comme la personne qui achète au camelot la première chanson du jour ou un porte-monnaie. Il n'y a personne avant qui oserait tendre la main. On attend que quelqu'un se décide. Eh bien ! mademoiselle X..., si vous désirez m'aimer, ne vous gênez pas, il y a déjà eu des amateurs.

BERTHE .— Je vous remercie, je ne le désire pas.

HENRI. — Oh ! oh ! voilà qu'elle me répond encore comme si on se connaissait. Elle est coquette avec moi. Et moi, je ne suis pas du tout coquet avec vous.

BERTHE. — Je ne suis pas coquette parce que je vous dis que je ne tiens pas à vous plaire.

HENRI. — Mais la coquetterie, ça ne consiste pas à dire qu'on plaît aux gens, ça consiste à s'en défendre. Tenez, je veux bien admettre qu'il n'y ait pas chez vous une tentation irrésistible de m'aimer, mais je suis sûr que, si je vous aimais, ça ne vous ferait aucun déplaisir. Et il n'est pas question que je vous plaise. D'ailleurs, je vous plais un peu.

BERTHE. — Oh ! cet aplomb !

HENRI. — Mais, il n'y a pas de « cet aplomb », je vous plais, j'en suis certain.

BERTHE. — Comment pouvez-vous savoir ça ?

HENRI. — Eh bien ! à la façon dont vous m'écoutez. Vous m'écoutez très bien. Quand je vous fais un compliment, vous avec un regard vague, vous faites semblant de penser à autre chose. Vous cachez votre plaisir. Allons ! Allons ! vous êtes une personne très bien...

BERTHE. — Oh ! c'est dans votre imagination !

HENRI. — Non ! non ! non ! Il n'est plus question de ça. Vous êtes mieux que tout ce que j'ai pu imaginer de vous. Depuis que je vous parle, vous avez été jolie de sept ou huit façons différentes, et ma pauvre imagination ne les avait certes pas prévues. Et je me rends compte que vous en avez encore à votre disposition de ces jolis visages... Quand vous êtes joyeuse, quand vous êtes triste, quand vous êtes comme ci comme ça... C'est chaque fois une nouvelle façon d'être jolie... Ah ! là ! là ! là ! là !

BERTHE. — Qu'est-ce qu'il y a ?

HENRI. — Qu'est-ce que je suis venu chercher ? (*Il se lève, fait quelques pas avec agitation, puis revient s'asseoir près de Berthe.*) J'arrive en cet endroit critique où je commence à ne plus me contenter de cet incognito. Je crois que c'est le moment, et que je ferais mieux de m'en aller.

BERTHE. — Pourquoi ?

HENRI. — Eh bien ! parce qu'une fois que je vous aurais quittée, je serais très malheureux, et plus j'aurais l'imprudence de rester auprès de vous, plus je serais malheureux en vous quittant.

BERTHE. — Eh bien ! vous pouvez bien risquer ça. C'est admirable ! Vous dites que vous avez du plaisir à causer avec moi, et je veux bien le croire... Eh bien ! pour l'agrément que vous éprouvez, vous ne pouvez même pas me faire le sacrifice d'être malheureux à cause de moi, et de me regretter un peu.

HENRI. — Oh ! mais, c'est que je ne serai pas un petit peu malheureux... Ce sera autre chose qu'un petit regret. Puisque nous sommes encore masqués, je puis vous dire sans trop de honte que je ne suis pas très heureux dans la vie. Je ne vous connais pas, ça m'est bien permis de vous montrer un peu de ma tristesse. Je ne suis donc pas heureux... Mais je ne suis pas très, très malheureux, parce que, s'il me manque bien des choses, je ne pense pas à ce qui me manque... (*Un temps.*) Est-ce que vous êtes frileuse ?

BERTHE. — Assez. Pas trop. Pourquoi ça ?

HENRI. — Moi, je ne suis pas très sensible au froid, mais à condition de ne pas m'approcher d'une cheminée, parce qu'après ça j'ai toutes les peines du monde à la quitter. Eh bien ! j'ai peur d'avoir eu un peu plus chaud que d'habitude. Il fera très froid tout à l'heure en sortant. Allons ! puisque je suis ici pour dire des choses brutales, vous m'avez gâté ma soirée.

BERTHE. — Ce n'est pas gentil de ne pas me dire quelque chose de plus aimable avant de me quitter.

Henri. — C'est très aimable, ce que je vous dis là. Non, non, mademoiselle X..., je me suis trop approché du feu. Dites-moi tout de suite qui vous êtes.

Berthe. — Je suis l'inconnue, vous le savez bien...

(*Entre Barthazard.*)

Barthazard. — Tiens ! vous connaissez mon ami Henri ?

Berthe. — Nous sommes des très vieilles connaissances.

(*Elle sort par la gauche.*)

SCÈNE XI

HENRI, BARTHAZARD.

Barthazard. — Eh bien ! dis donc, mon vieux, tu ne vas pas te plaindre, hein ? Ta soirée est complète ! Après les sandwiches, de bons cigares... ou plutôt des cigares passables. Après les cigares, une petite tranche de flirt, pour faire la digestion... Tu n'es pas trop maltraité par ces gens que tu ne connais pas.

Henri, *mélancoliquement.* — Ah ! tais-toi, va ! Vois-tu, j'aurais mieux fait de m'arrêter aux cigares... C'est idiot ce que j'ai fait là ! et quand on n'est pas assez fortuné pour se payer le bonheur, il ne faut pas trop s'en approcher et le regarder... Non, non, ne regardons pas les étalages !

Barthazard. — Mais quoi ? quoi ? tu as l'air pincé, mon vieux...

Henri. — Oh ! ce n'est rien ! Je suis très embêté. (*Avec un sourire.*) Et pourtant, je ne suis pas mécontent... C'est très curieux, je suis moins embêté que je ne devrais... Oh ! je sais bien pourquoi, parbleu ! C'est la faute de cet imbécile espoir, de cet espoir stupide et charmant que nous avons tous en nous... Si j'avais la force de raisonner, je me dirais que je viens de faire un rêve fou, et il y a en moi une petite foi obstinée, perverse, qui me répète que ce n'est pas irréalisable... Je sais qu'il faut y renoncer, et je n'y renonce pas... Tu me trouves bête ?

Barthazard, *après un silence.* — Non !

Henri. — Voyons...

Barthazard. — Non, parce que renoncer aux choses, il n'y a pas de meilleur moyen pour les empêcher de réussir.

Henri. — Tu te fiches de moi, voyons ! C'est tellement chimérique !

Barthazard. — Mais il n'y a rien là de chimérique.

Henri. — Non, écoute, mon vieux, ne blague pas.

Barthazard. — Mais je ne songe pas à blaguer une seconde... (*Le regardant.*) Veux-tu épouser cette jeune fille ?

Henri. — Idiot ! Elle a peut-être cent mille francs de dot !

Barthazard. — Cent mille francs ? Non. Trois ou quatre cent mille, au bas mot. Et j'ajouterai même qu'elle est fille unique et que, plus tard, elle aura certainement plus d'un million... Veux-tu l'épouser ?

Henri. — Je t'écoute plaisamment, comme un enfant écoute sa nourrice, et j'avoue que tu dis des bêtises qui me font plaisir. L'idée que je pourrais vivre avec cette petite

Photo-Film : Cinéromans.

Madame Tombelle, du haut de l'escalier, recevait les invités.

II.

— C'est l'habit de Gonzalez, un traducteur d'espagnol qui est dans mon hôtel.

III.

— *Mademoiselle, voulez-vous me permettre de vous demander cette valse?*

— *Je suis l'inconnue, vous le savez bien...*

V.

femme-là, avoir toujours près de moi cet exquis compagnon, c'est là une idée dangereuse qui me fera souffrir tout à l'heure... Qu'importe ? Je vais me payer quelque temps cette idée-là !

BARTHAZARD. — Oh ! tu m'embêtes avec tes songeries... Il n'est pas question de rêve. Nous parlons de choses sérieuses... Tu veux épouser cette jeune fille et je vais te la faire épouser...

HENRI. — Vas-y ! Vas-y ! Je continue à rêver.

BARTHAZARD. — Tu ne te doutes pas d'une chose : c'est que j'ai une influence considérable sur le père de cette jeune fille-là... Tu es représentant d'une maison allemande. C'est un emploi qui ne te rapporte rien, mais qui fait bien mieux dans un discours que ton métier modeste de dessinateur d'ameublement... Représentant d'une maison étrangère, il y a quelque chose à faire avec ça... D'abord, les maisons étrangères ne sont pas ici, sous nos yeux. C'est un avantage... Tu n'habites pas Paris...

HENRI. — Comment, je n'habite pas Paris.

BARTHAZARD. — Non, non ! Tu n'habites plus Paris. A ton hôtel, tu es mal logé. On sait dans ton entourage que tu n'es pas précisément un beau parti... Tu habiteras Bruxelles ou Liége, où le père Gonthier ne connaît personne. J'ai vu tes livres. Tu viens de faire une année de soixante-dix mille francs... Quatre-vingt mille francs est mieux que soixante-dix mille... Tu as encore la représentation d'autres maisons... J'ai vu ta correspondance... Tu es d'une excellente famille ruinée... Ça, c'est conforme à la vérité. Tu as refait ta fortune... Ça n'est pas encore tout à fait vrai, mais ça le deviendra. Voilà !

HENRI. — En admettant que tu aies le toupet de raconter tout ça à ces gens, comment éviteras-tu qu'on vérifie tes assertions ?

BARTHAZARD. — Mais on ne les vérifiera pas, mon ami. C'est moi qui les aurai vérifiées... Tu oublies que ces gens ont en moi une très grande confiance.

HENRI. — Enfin, comment se fait-il qu'il y ait des gens, tant de gens, qui aient confiance en toi, et que tu ne les aies pas associé à tes affaires, que tu ne leur aies pas demandé d'argent ?

BARTHAZARD. — Mais c'est parce que, du jour où je leur demanderais un sou, ils n'auraient plus confiance en moi... Non, mais tu ne connais pas les hommes, mon petit Henri... Ils accordent tout de suite leur confiance, mais jamais leur argent. Ça leur est désagréable de donner leur argent, mais ça leur est toujours agréable de donner leur confiance... C'est un sentiment naturel à l'homme. C'est facile d'avoir confiance dans les gens. Ça va tout seul. Cet homme-là sera tellement content de trouver un parti avantageux pour sa fille qu'il serait navré de ne pas y croire. J'aurai toujours quelques billets de banque pour t'avancer les frais, afin de t'habiller, et que tu puisses envoyer des fleurs. Alors, voilà qui est parfait : dans deux mois, tu épouseras la fille de mon ami Gonthier... Nous ne risquons rien, n'est-ce pas ?

HENRI. — Nous ne risquons rien.

BARTHAZARD. — Qu'est-ce que tu vas me donner pour ça ?

HENRI. — Ce que tu voudras.

BARTHAZARD. — Je me contente de cinquante mille francs.

HENRI. — Oh ! je ne marchande pas, tu auras tes cinquante mille francs.

BARTHAZARD. — Il ne suffit pas de me dire : « Tu auras tes cinquante mille francs », il faut que tu me le signes... Nous sommes aujourd'hui le...

HENRI. — Le 20 avril.

BARTHAZARD. — Tu seras marié le 20 juin. Au 10 décembre de cette année, c'est-à-dire six mois après ton mariage, tu me verseras vingt-cinq mille francs, et, le 10 décembre de l'année prochaine, c'est-à-dire un an après la noce, tu me verseras encore vingt-cinq mille francs. J'ai du papier timbré sur moi. (*Sortant de sa poche un stylographe.*) Voilà le stylo, attribut obligé de l'homme d'affaires diligent... Assois-toi là.

HENRI. — Mais tu es bête !

BARTHAZARD, *l'asseyant*. — Assois-toi là. Appuie ta main sur cette table et écris-moi là-dessus en travers : « Accepté pour vingt-cinq mille francs au 10 décembre... »

HENRI. — Tu es stupide !

BARTHAZARD. — Eh bien ! si je suis stupide, qu'est-ce que ça peut te faire d'écrire ça ?

HENRI. — Oh ! ça m'est égal... j'écrirais bien un million.

BARTHAZARD. — Non, non, vingt-cinq mille francs...

HENRI. — Vingt-cinq mille balles, c'est plus français.

BARTHAZARD. — Non, vingt-cinq mille francs... Signe de ton nom... Et sur cet autre papier : « Accepté pour vingt-cinq mille francs au 10 décembre 1910... » Eh bien, voilà. Sais-tu ce que tu viens de faire ?

HENRI. — Je viens d'écrire deux lignes bien inutiles.

BARTHAZARD. — Tu viens de vendre ton âme au diable... Je vais retrouver mon ami Gonthier...

(*Il sort pendant que Berthe entre avec Louise.*)

SCÈNE XII

HENRI, BERTHE, LOUISE.

LOUISE. — Oh ! oh ! voilà le bel inconnu !

BERTHE. — Ecoute, Louise, je te permets de te taire.

LOUISE. — Il est très gentil garçon !

BERTHE. — Que tu es bête ! Que tu es bête ! Est-ce que tu vas me laisser tranquille ?...

LOUISE. — Oui, je te laisserai tranquille, mais tu vas me présenter.

BERTHE, *à Henri*. — Mon amie désire que je vous présente... L'Inconnu... Mademoiselle Louise Ternin.

LOUISE, *s'inclinant*. — Bonjour, monsieur. Je connais beaucoup de personnes de votre famille...

HENRI. — Ah ! vraiment ?

LOUISE. — Elle est très sympathique, votre immense famille d'inconnus...

BERTHE. — Monsieur est tout de même connu de quelqu'un... De M. Barthazard...

(*A Henri.*) Y a-t-il longtemps que vous êtes l'ami de M. Barthazard ?

HENRI. — Pas très longtemps... Et vous ?

BERTHE. — Pas très longtemps, mais mon père l'aime beaucoup. Il le trouve très intelligent et il a une grande confiance en lui... C'est un très bon garçon, n'est-ce pas ?

HENRI. — Très bon garçon.

LOUISE. — Mais vous n'avez pas l'air convaincu ?

HENRI. — Si, si.

BERTHE. — Vous l'aimez beaucoup ?

HENRI. — Beaucoup.

BERTHE. — C'est curieux, je ne vous connais pas depuis très longtemps et ça m'intéresse beaucoup de savoir ce que vous pensez des gens.

HENRI. — Eh bien ! c'est gentil, ce que vous dites là !

BERTHE. — Je me dépêche même de vous dire des choses aimables parce que, quand nous nous connaîtrons tout à fait, ce ne sera plus ça.

HENRI. — C'est ça, dépêchez-vous, dépêchez-vous...

BERTHE. — Je vais encore vous faire une déclaration qui sera d'ailleurs la dernière... J'ai une grande confiance en vous, parce que vous avez l'air d'un brave garçon...

HENRI. — Oh ! il ne faut pas se dire ça trop vite.

BERTHE. — Moi, ça me plaît de vous le dire... Je suis sûre que c'est vrai !

(Un silence.)

HENRI. — Avez-vous beaucoup dansé, ce soir ?

BERTHE. — Ah ! voilà que vous me connaissez trop, maintenant, vous entrez impudemment dans la banalité. (*A Louise.*) C'est qu'il est timide. Il ne veut pas trop qu'on dise qu'il est un brave garçon. Voici mon père et M. Barthazard.

SCÈNE XIII

LES MÊMES, GONTHIER, BARTHAZARD.

BARTHAZARD, *à Gonthier.* — Ce qu'il y a d'intéressant dans ces affaires de représentation, c'est que le représentant est sur le velours. Il n'a aucun frais, et si, par hasard, la maison qu'il représente — car cela arrive aux maisons les plus solides — fait de mauvaises affaires, il trouve immédiatement une autre société, qui est au courant de sa valeur personnelle d'agent et qui lui confie ses intérêts. (*Apercevant Henri.*) Tiens ! (*Bas à Gonthier.*) Le jeune homme en question. (*Montrant Henri.*) Monsieur Henri Calvel. (*A Henri.*) Monsieur Gonthier.

GONTHIER, *à Henri.* — Monsieur ! (*A demi voix à Barthazard.*) Je ne veux pas avoir l'air de me jeter à sa tête, mais est-ce que vous croyez que je peux l'inviter à venir prendre le thé un de ces soirs ?

BARTHAZARD. — Mais oui ! mais oui ! c'est un garçon très simple !

GONTHIER. — Notre ami, M. Barthazard, m'a dit tant de bien de vous que je serai ravi de faire votre connaissance... Il doit venir prendre le thé un de ces soirs. Si vous vouliez nous faire l'amabilité de l'accompagner ?

Henri, *s'inclinant*. — Avec plaisir.

Gonthier. — Ça va ! Ça va bien... Vous n'aurez qu'à choisir avec votre ami, le soir qui vous conviendra. Nous sortons très peu, ma fille et moi... (*Présentant.*) Ma fille

Henri, *s'inclinant*. — Mademoiselle !

Berthe, *allant à lui*. — Charmée de faire votre connaissance... Nous comptons sur vous ?

Louise. — Nous comptons sur vous ?

Henri. — Oui, mesdemoiselles.

Gonthier, *à Barthazard*. — Dites-lui que c'est une très bonne fille... Je ne veux pas avoir l'air de faire son éloge...

Barthazard, *à Henri*. — C'est une charmante jeune fille que Mlle Gonthier.

Gonthier. — Je ne me permettrais pas de dire cela moi-même, mais du moment que M. Barthazard le dit... Et vous savez, elle est gentille déjà à la première impression, mais plus on la connaît, plus on l'apprécie.

Henri. — Même sans connaître Mademoiselle, j'ai eu une excellente impression...

(*Silence.*)

Gonthier, *embarrassé*. — Voilà... Voilà...

(*Il sourit.*)

Henri, *avec un sourire gêné*. — Voilà !

Gonthier. — Eh bien ! à bientôt, monsieur ! Nous comptons sur vous.

Henri. — Je vous remercie, monsieur.

(*Il lui tend la main.*)

Gonthier, *à Barthazard*. — C'est entendu, n'est-ce pas ? (*Il remonte un peu vers le fond. A Berthe.*) Ma petite, nous allons rentrer, tu sais.

Berthe. — Oui, papa, mais il faut que je prenne l'éventail que j'ai laissé par là. (*A Louise.*) Tu rentres avec nous ?

Louise. — Non, non, je suis avec grand'maman... Elle s'amuse follement à regarder danser. Elle ne s'en ira que la dernière.

(*Elle sort par le fond. Berthe entre par la gauche.*)

Gonthier *va vers la porte*. — Eh bien ! Berthe ?

(*Il entre un instant à gauche.*)

SCÈNE XIV

BARTHAZARD, HENRI, puis **BERTHE** et GONTHIER.

Barthazard. — Je vais prendre rendezvous pour après-demain soir. Je n'ai pas voulu le dire tout de suite pour laisser encore les choses dans le vague, mais tu viendras me prendre au bureau, nous irons dîner chez eux.

Henri. — Non ! Non ! ça m'embête ! je préfère y renoncer.

Barthazard. — Non, mon vieux ! Tu n'y renonceras pas maintenant. La chose est en bon chemin, je te réponds que tu y viendras.

(*Berthe revient en scène avec Gonthier.*)

Berthe, *à Henri*. — A un de ces soirs ?

(*Gonthier tend la main à Henri.*)

Henri, *à part*. — Ça fait la troisième fois

que nous nous donnons la main. Je crois que je lui donne trop souvent la main.

GONTHIER. — Nous comptons sur vous.

HENRI. — Alors... (*Il se trouve tout à coup en face de Gonthier et lui tend la main.*) Alors, à un de ces soirs.

GONTHIER. — Tu viens, fillette ?

BERTHE, *à Henri.* — A bientôt, n'est-ce pas ?

HENRI. — A bientôt !

(*Sortent Berthe et Gonthier.*)

BARTHAZARD. — Est-ce que tu viendras ?

HENRI. — Je ne sais pas...

ACTE DEUXIÈME

La scène représente un salon élégamment meublé. Au lever du rideau, une femme de chambre ouvre la porte à un garçon fleuriste, qui vient déposer une corbeille de fleurs blanches sur une table.

SCÈNE PREMIÈRE

LÉONTINE, LE FLEURISTE, puis FÉLIX.

LÉONTINE. — Mettez ça là. J'espère que voilà une belle corbeille !

LE FLEURISTE, *en arrangeant la corbeille.* — Et c'est de la belle fleur. Tout fleur de serre. Vous ne trouverez pas là dedans de cette camelote d'hortensia qui n'est là que pour faire du volume. Ah ! la maison se tient, y a pas à dire, depuis qu'on a « sangé » de patron. On leur fait payer le prix aux clients. Mais, du moment que l'on sert en conséquence.

LÉONTINE. — Notre demoiselle va être ravie de trouver ça en rentrant d'automobile !

LE FLEURISTE. — Elle est partie faire promenade ?

LÉONTINE. — Avec le papa. Tous les jours elle fait sortir le papa, pour l'habituer, qu'elle dit, à l'auto. Ce pauvre monsieur, le nôtre, a une de ces frousses de tous les diables. Ils m'ont emmenée la semaine dernière. Moi qu'étais assise à côté du chauffeur et qui n'ai peur de rien, j'entendais le pauvre monsieur, à nous, qui criait : « Arrêtez ! arrêtez tout de suite ! » Le chauffeur arrêtait, suffit qu'il en était commandé. Évidemment ! Et vous savez, quand on est tout le temps à faire marcher les freins, il paraît, le chauffeur m'a dit que les pneumatiques n'y résistent pas. La gomme s'use, s'use, et, par le fait, on crève plus facilement. Mais not' monsieur — le nôtre, il est ravi lorsqu'on crève, parce que, suivez-moi, une fois crevé, forcé de réparer, et, pendant qu'on répare, on ne marche pas.

LE FLEURISTE *qui l'a écoutée, les bras ballants, recommence à arranger ses fleurs.* — Oh ! triste ! triste ! Et ça se paye des automobiles de vingt mille francs, sans même savoir en profiter. Moi, qu'on me donne seulement une auto, qu'est-ce que je dis, une auto ? une simple moto ! qu'est-ce que je dis, une moto ? Un petit tri, un petit triporteur, sans moteur.

LÉONTINE. — Voulez-vous vous rafraîchir un peu ?

LE FLEURISTE. — J'ai pas besoin d'être rafraîchi. Je suis toujours un peu frais, mais je suis toujours là pour un coup de vin pour ne pas faire de la peine au monde qui me l'offre.

LÉONTINE. — Venez par ici. Félix va vous servir à boire. (*On sonne.*) Ça doit être le petit fiancé en question. Je dis le fiancé, c'est le promis. Enfin, c'est tout comme... (*A la cantonade.*) Félix, grande paillasse, verse un verre à ce brave garçon. Ça vaudra mieux que de t'occuper à rien faire.

FÉLIX, *du dehors.* — J'ai fait entrer le jeune homme dans le petit salon.

LÉONTINE. — Bon, bon, je vais le faire entrer ici, pour qu'il voie seulement qu'on a bien apporté ses fleurs. (*Elle va ouvrir au fond.*) Que Monsieur entre par ici. Monsieur verra que vous serez mieux.

(*Henri, très élégamment vêtu, entre par le fond.*)

SCÈNE II

LÉONTINE, HENRI.

HENRI. — Bonjour !

LÉONTINE. — Bonjour, monsieur ; Mademoiselle et Monsieur ne sont pas rentrés d'auto. Mais ils ne vont pas tarder, puisqu'ils savaient bien que Monsieur était pour venir. J'espère que Monsieur nous a encore gâtés d'une belle corbeille !

HENRI, *un peu étonné.* — Ah ! oui !...

LÉONTINE. — Et puis que je remercie Monsieur pour ce que vous m'avez donné hier soir. Monsieur est gentil pour moi.

HENRI. — Hier soir ?

LÉONTINE. — Ces dix francs que M. Barthazard m'a remis venant de Monsieur.

HENRI. — Ah ! oui...

(*Il va s'asseoir sur un fauteuil, le dos à demi tourné au public.*)

LÉONTINE. — Ce n'est pas à moi, domestique, à en causer. Mais enfin je suis depuis sept ans dans la maison et je puis me permettre de dire que Mademoiselle a une sacrée chance et Monsieur aussi, par le fait, parce que des demoiselles comme la nôtre, aussi bonne que mignonne, vous n'en trouverez pas des floppées, et Monsieur son papa est aussi gentil. Oh ! je sais bien que, pour ce que vous en ferez ça vous intéresse moins. Et donc, il faut les entendre, notre maître et sa fille, parler de Monsieur à table, je les entends sans écouter, car c'est moi qui sers, quand ils sont seuls, et qu'il n'est pas question d'embarras, ni de fla-fla. Eh bien ! ce qu'ils portent Monsieur dans leur cœur, c'est rien de le dire ! Mademoiselle ne se gêne pas devant son papa : les jeunes filles qui ont perdu leur maman, dans un sens, vous les trouverez plus mal élevées que les autres, mais aussi moins empruntées et moins en dessous. Et Mademoiselle donc ne se gêne pas pour dire qu'elle est contente quand Monsieur est là et qu'elle trouve Monsieur plein d'intelligence et qu'il ne manque pas de bons mots. Il vous sort des paroles si gentilles — c'est Mademoiselle qui parle, — oui, nom d'une brique ! — ça, c'est moi qui parle, — ce qu'il dit n'est plus la même chose que si c'était sorti par un autre. Puis, c'est le tour du papa de parler de la belle position à Monsieur.

(Henri, qui a écouté avec plaisir les paroles de Léontine a un mouvement d'impatience.)

FÉLIX *entrant par le fond.* — Il y a là un monsieur qui demande après Monsieur... Un artiste peintre qu'on dirait...

HENRI. — Qui ça peut-il être?... Priez-le d'entrer.

FÉLIX. — Entrez donc par ici, monsieur.

(Entre Thibaudel. Il est vêtu d'une redingote noire assez présentable ; il est coiffé d'un chapeau mou et porte une cravate flottante.)

SCÈNE III

HENRI, THIBAUDEL.

HENRI, *assez joyeusement.* — Tiens ! Thibaude ! (*Félix et Léontine sortent.*) Le domestique te prenait pour un peintre.

THIBAUDEL. — Parce que j'ai une cravate flottante et un chapeau mou. Ce domestique vit avec d'anciennes idées. De nos jours, à part toutefois les peintres, tout le monde a une cravate flottante et un chapeau mou. Et c'est très bien vu dans ma noble confrérie des courtiers de publicité.

HENRI. — Mon vieux Thibaudel, je suis content de te voir.

THIBAUDEL. — Je te crois. Car tu ne songes même pas à t'étonner de ma présence ici...

HENRI. — Je ne m'en étonne pas, puisque je t'ai prié de me faire parvenir les lettres qui m'arriveraient à l'hôtel.

THIBAUDEL. — J'ai passé à l'hôtel plus select où tu habites présentement. On m'a dit que j'avais des chances de te trouver ici. Je t'apporte donc une petite fich... C'est une traite de trente-quatre francs que l'on a présentée ce matin.

HENRI. — Oui, c'est de mon tailleur. C'est la première d'une série de cinq. Et c'est d'autant plus triste que j'ai usé depuis longtemps déjà les vêtements que cette traite va commencer à acquitter. Je les ai donnés à un balayeur. De sorte que je commence maintenant à payer les habits du balayeur.

THIBAUDEL. — Tu as l'intention de payer !

HENRI. — Mais oui !

HENRI. — Tu sais que tu as jusqu'à demain soir avant le protêt.

HENRI. — Je vais te donner l'argent tout de suite.

THIBAUDEL. — Comment, tu as trente-quatre francs?

HENRI. — J'ai trente-quatre francs.

THIBAUDEL. — Je te voyais bien habillé et très chic, mais de là à penser que tu avais trente-quatre francs !

HENRI. — Je vais te remettre un billet de cinquante francs.

THIBAUDEL. — Je n'ai pas de monnaie.

HENRI. — Ça ne fait rien. Tu me rendras ces seize francs quand tu me reverras.

THIBAUDEL. — Ne me dis pas ça, je tiens à te revoir. Je te déclare d'ores et déjà qu'il me sera très difficile, et décidément trop pénible, de te rendre seize francs. Tu es mon ami. Pour toi, je me jetterais dans un brasier ardent ou dans la plus froide des rivières, mais n'attends pas de moi que je te rende le moindre numéraire. Non... De l'argent, ça m'arrive rarement d'en recevoir, parfois d'en donner, mais jamais d'en rendre.

HENRI, *songeur*. — Oui, oui, c'est comme ça que je comprends la vie.

THIBAUDEL. — Mon vieux, il n'y a que cette façon : comme ça, tout l'argent qui nous rentre nous fait plaisir, parce qu'on se dit : « Je ne serai pas obligé de le restituer... » C'est égal, vieux Henri, je suis bien content de te revoir ici, bien à ton aise.

HENRI. — Je ne suis pas à mon aise.

THIBAUDEL. — Qu'est-ce qu'il y a ?

HENRI. — Eh bien ! il y a que je suis très embêté. Ecoute, j'ai confiance en toi... et puis, je suis content de trouver quelqu'un à qui je puisse parler et à qui je ne sois pas obligé de raconter des blagues... J'ai été amené ici par Barthazard... Tu connais Barthazard ?

THIBAUDEL. — Oui, oui, je l'ai un peu connu jadis, mais, depuis, il a fait du chemin ; maintenant, on ne se voit plus beaucoup...

HENRI. — Eh bien ! ce Barthazard est un être effrayant... Il m'a embarqué dans des histoires !... Tel que tu me vois, je suis représentant d'une maison allemande de métallurgie...

THIBAUDEL. — Oui, je sais.

HENRI. — Non, tu ne sais pas... Je suis représentant d'une maison allemande de métallurgie et je gagne de soixante à soixante-dix mille francs par an... Voilà ce que tu ne savais pas non plus il y a huit jours.

THIBAUDEL. — Mes compliments !

HENRI. — Il n'y a pas de quoi... Barthazard a donc profité de ce qu'il est en très bons termes avec cette famille pour raconter des histoires et me faire épouser la jeune fille.

THIBAUDEL. — Oui, mais est-ce que ça va prendre ?

HENRI. — Eh bien ! c'est ce que je lui dis tout le temps... Mais c'est un individu d'une audace effrayante... Il va ! il va !... c'est son genre ! Il prétend hardiment que ces gens ne se renseigneront pas ailleurs. Moi, je prétends que si et à chaque instant j'ai un trac horrible que tout vienne à se découvrir. Pourtant, c'est curieux, s'ils étaient mis au courant de cela une bonne fois, eh bien ! je serais soulagé. On me flanquerait à la porte et tout serait dit ; alors, je retournerais à l'hôtel, à notre hôtel, je reprendrais ma vie... une vie difficile, mais, somme toute, beaucoup plus tranquille...

THIBAUDEL. — Eh bien ! mon vieux, reviens ! Qu'est-ce que tu attends ? Nous sommes réduits au bridge à trois avec le patron de l'hôtel et le traducteur d'espagnol. Rends-nous notre quatrième. Si tu désires tant que ça qu'ils soient au courant, tu n'as qu'à tout leur raconter toi-même !

HENRI. — Oui, mais je ne leur dis pas, parce que j'aime cette jeune fille. Qu'est-ce que tu veux ? ne ris pas, j'aime cette jeune fille.

THIBAUDEL. — Je ne ris pas.

HENRI. — L'amour, il y a encore quinze jours, je me demandais si cela existait. Oui, ça m'est arrivé plusieurs fois de rencontrer une petite femme gentille et de me dire

avec empressement : « Je suis amoureux ! »
Je lui répétais cela toute une soirée, mais
c'était surtout pour moi que je le disais. Le
lendemain...

THIBAUDEL. — Elle était souriante...

HENRI. — Elle était souriante... mais
j'étais désenchanté... Alors, comme à cinq
ou six reprises, je n'avais pas réussi à me
monter le cou, j'en avais conclu que l'amour
n'existait pas. Mais il existe, tu entends, il
existe... Tu peux le dire dans ta clientèle,
et dans tout le quartier. Quand je suis avec
cette personne, je n'ai pas besoin du tout de
me forcer pour me dire que je l'aime, au
contraire ! Je tâche de me persuader que je
ne l'aime pas et je n'y parviens pas... J'ai
beau me raisonner, tu ne peux pas te figurer
à quel point je me raisonne ! Il y a en moi
deux individus : un rabat-joie qui fait son
possible pour dégoûter l'autre. Le rabat-joie
lui dit : « Cette jeune fille est jolie », et il
ne peut pas dire le contraire ! Elle est certainement jolie... Mais il ajoute qu'il y a
des millions d'autres jolies femmes sur la
surface de la terre. D'accord ; mais les
autres, ce n'est pas elle.

THIBAUDEL. — Evidemment.

HENRI. — Je l'aime parce que c'est elle :
il me semble que, si elle était changée en
rocher...

THIBAUDEL. — Peu probable.

HENRI. — Si elle était changée en rocher,
j'aimerais ce rocher qui serait elle... Eh
bien, est-ce que j'en ai mon compte ?

THIBAUDEL. — Oui, oui, ça y est... Mais
qu'est-ce qui va arriver de tout ça ?

HENRI. — Je n'en sais rien.

THIBAUDEL. — Enfin je vais toujours payer

ta petite traite de trente-quatre francs... Au
revoir, jeune exalté.

(*Henri prête l'oreille.*)

HENRI. — Tiens ! voilà...

THIBAUDEL. — Qui ça ?

HENRI. — Barthazard... mon bourreau.

THIBAUDEL. — Alors, je m'en vais.

(*Barthazard entre avec un paquet sous le
bras et paraît très affairé.*)

SCENE IV

BARTHAZARD, HENRI, THIBAUDEL,
qui sort peu après.

BARTHAZARD. — Henri, j'ai quelque chose
à te dire.

(*Il voit Thibaudel qu'il salue d'un signe
de tête.*)

THIBAUDEL, *lui tend la main.* — Ah ! tu
ne me reconnais pas ?

BARTHAZARD. — Si, si fait. Vous allez
bien ?

THIBAUDEL. — Oui, oui. Au revoir, baron !

BARTHAZARD, *après avoir gardé un moment le silence.* — Qu'est-ce qu'il vient faire
ici, celui-là ? Alors il vient te relancer. Tu
es fou de le laisser venir.

HENRI. — Eh bien, c'est un type de mon
hôtel. Il m'avait apporté une chose pressée.

BARTHAZARD. — Mais il faut rompre avec
tous ces gens-là !

HENRI. — Oh ! écoute ! fiche-moi la paix !
Tu m'embêtes !

BARTHAZARD. — Il ne s'agit pas de t'embêter ou de te laisser tranquille, il s'agit de ne pas compromettre notre affaire... Notre affaire va bien, mais c'est le reste qui va très mal... J'ai en ce moment des ennuis par-dessus la tête, des sommes à payer aujourd'hui même et j'ai eu toutes les peines du monde à obtenir un peu de temps. Je vais justement chez moi, où il y a un individu de qui j'ai besoin pour obtenir un délai. Et avec toutes ces histoires-là, il faut encore que j'aille courir les fleuristes et les marchands de bonbons pour la jeune fille... Heureusement que j'ai trouvé un confiseur à qui j'ai fait un contrat de publicité... Tu donneras ces bonbons tout à l'heure.

HENRI. — Non, non, va les donner, ça m'embête de les donner...

BARTHAZARD, *le regardant avec mépris.* — Enfin !... Je les laisse là... Elle saura bien que ça vient de toi... Je vais retrouver cet individu chez moi... Il y a quatre minutes d'ici à la maison, je ne serai pas longtemps absent... (*Louise entre*). Tiens ! Mademoiselle Louise ! Votre amie n'est pas de retour ?

LOUISE. — Non, elle n'est pas rentrée d'auto.

BARTHAZARD. — Notre jeune homme n'est pas content. Il n'aime pas attendre.

(Il s'en va.)

SCENE V

HENRI, LOUISE.

HENRI, *comme à lui-même.* — Oh ! c'est intolérable.

LOUISE. — Qu'est-ce que vous dites ?

HENRI. — Je dis que tout ce qui n'est pas Berthe me rend malheureux !

LOUISE. — Eh bien, merci pour moi !

HENRI. — Ne plaisantez pas. Vous savez bien que je vous considère comme une vraie amie, je l'ai senti tout de suite... Je suis un peu fatigué de l'entourage de Berthe. Ce n'est pas à cause de vous, bien entendu, qui êtes charmante, mais les autres... son père...

LOUISE. — C'est un très brave homme.

HENRI. — C'est un très brave homme, mais...

LOUISE. — Mais quoi ?

HENRI. — Ce serait si bon de s'aimer en dehors de tout et de tous.

LOUISE. — Un cœur et une chaumière !

HENRI. — Oui, oui, oui, je me suis bien fichu de cette expression, mais maintenant je la comprends très bien... Les amoureux souhaitent une chaumière parce qu'ils veulent être en dehors de la vie, ne plus penser à ce qu'on appelle une situation, une position, à ce qui s'évalue, à ce qui se chiffre... Ecoutez, ma chère amie, je voudrais vous poser une question mais je vous supplie d'y répondre du fond de vous-même... Vous connaissez bien Berthe ?

LOUISE. — Mieux que moi-même.

HENRI. — Eh bien, si je n'étais pas ce qu'on croit... si au lieu d'être (*Avec effort.*) un représentant de commerce... (*Avec effort.*) brillant... si j'étais un pauvre garçon sans situation croyez-vous qu'elle m'aimerait ?

LOUISE. — Mais bien sûr ! Elle ne vous aime pas pour votre argent... Elle n'en a pas besoin de votre argent... Elle en a pour deux... Je sais qu'elle a déjà refusé officiellement un garçon qui a trois millions de fortune...

HENRI. — Vous êtes sûr de ce que vous dites? Ecoutez : j'avais songé à faire une expérience un peu romanesque... Je vais vous demander ce que vous en pensez... Si e lui disais que je suis... ou plutôt que je ne suis pas du tout ce qu'elle croit... si je lui racontais que je n'ai pas de position, que j'habite dans un hôtel du quartier des Ternes dans une petite rue un tout petit hôtel... une toute petite chambre très basse de plafond mais très haute d'étage... Si je lui racontais que je gagne péniblement une centaine de francs par mois en faisant par exemple des dessins d'ameublement?

LOUISE. — Oh! comme c'est vraisemblable!

HENRI. — Mais c'est tout à fait vraisembable... Je désire qu'elle sache... (Se reprenant.) je désire qu'elle s'imagine que je suis cela... et que même je suis bien heureux d'avoir cette petite chambre, qu'il m'est arrivé de dormir l'été dans la cour d'un loueur de voitures dans un vieil omnibus de rebut...

LOUISE. — Oh! qu'est-ce que c'est que cette histoire-là? Est-ce que ça existe, ça?...

HENRI. — Si, si, je crois que ça existe... Je connais quelqu'un à qui c'est arrivé... Ce quelqu'un il faudrait dire à Berthe que c'est moi... ce quelqu'un a posé des heures entières dans des antichambres de marchands de meubles pour attendre d'être reçu et pour proposer un petit dessin... Ce quelqu'un, étant à Royan, s'est trouvé, je ne sais comment, il y a deux ans, obligé de s'engager dans un orchestre de tziganes où il faisait la quête avec une petite soucoupe parce qu'il ne savait jouer d'aucun autre instrument.

LOUISE. — C'est de la fantaisie...

HENRI. — Oui, oui, c'est un peu de la fantaisie. Je désire que Berthe me voie sous les traits d'un être minable, sans aucune position... Ce serait drôle!

LOUISE *souriant*. — Eh bien, si j'ai un conseil à vous donner, c'est de ne pas vous montrer comme ça.

HENRI, *avec emportement*. — Enfin pourquoi? pourquoi? Alors ce n'est pas pour moi-même qu'elle m'aime?

LOUISE. — Mais si, voyons! elle vous aime pour vous, elle ne vous aime que pour vous... Seulement que voulez-vous? Berthe est une fille défiante... Elle ne se défie pas des autres, elle se défie d'elle-même. Si vous étiez un pauvre jeune homme, jamais elle ne croirait à la sincérité de vos sentiments.

HENRI, *tombe accablé sur un fauteuil*. — Voilà! Voilà! ce que je craignais!

LOUISE. — Oh! comme il se frappe! Oh! comme il est compliqué! Il n'est pas content de ce qui est, il faut encore qu'il se demande ce qui arriverait si ce qui est n'était pas... Allons, mon ami profitez donc de ce qui existe allez! Ne vous mettez pas martel en tête... Il est un peu bête, ce grand garçon-là!

SCÈNE VI

LES MÊMES, GONTHIER, BLIVET

GONTHIER, *entre suivi de Blivet*. — Il est ici!... Ma fille vous prie de l'excuser encore un peu parce qu'elle avait une essayeuse qui l'attendait dans sa chambre... Alors elle y est allée directement. Elle reviendra tout à l'heure... La jeune Louise est même invitée à la rejoindre pour lui donner son avis, son précieux avis.

LOUISE. — Ah ! oui c'est une mission de confiance. A tout à l'heure...

(Elle sort.)

GONTHIER, *présentant.* — Mon ami Blivet, un vieil ami... (*A Henri.*) Mon cher, nous venons de faire notre promenade d'auto quotidienne, une superbe promenade... Me voilà tranquille jusqu'à demain trois heures... (*A Blivet.*) Mon ami, je ne suis pas fâché de te faire connaître ce jeune homme... A un âge où beaucoup de jeunes gens sont encore à chercher leur voie, celui-là a déjà une situation magnifique.

HENRI. — Monsieur Gonthier, je vous assure que vous exagérez...

GONTHIER. — J'exagère ! J'exagère !

HENRI. — Oui...

GONTIER, *à Blivet.* — Il n'est pas bluffeur, au moins, hein ? Chaque fois qu'on lui parle de sa situation, c'est la même chose, il a l'air d'éluder la conversation... Mais je sais... heureusement que je suis au courant par Barthazard et que celui-là me fournit des chiffres... Près de soixante-dix mille bon an, mal an.

HENRI, *embarrassé.* — Oh ! oh ! soixante-dix mille francs...

GONTIER. — Je puis donner ces détails devant Blivet, c'est un vieil ami... (*A Blivet.*) Est-ce que ce n'est pas magnifique ?

BLIVET. — Je te crois !

GONTIER. — Et vous savez pour qu'il trouve ça magnifique, Blivet, il faut que ça le soit, parce qu'il est plutôt débineur.

BLIVET. — Je suis débineur ?

GONTHIER. — Oh ! tu es débineur, mon vieux...

BLIVET. — Je ne m'en suis jamais aperçu.

GONTHIER. — Moi, je m'en suis aperçu tout à l'heure, devant mon auto. Tu ne l'admirais que d'un œil... (*A Henri.*) Qu'est-ce que Barthazard vient encore de m'apprendre ce matin ? que vous avez une autre usine de Westphalie qui vous fait des offres ?...

HENRI, *d'un air inquiet.* — Qu'est-ce qu'il vous a dit ?

GONTHIER. — Oh ! vous savez, ça ne sort pas d'ici... Ne me cachez rien. Je ne le raconterai pas... c'est une usine concurrente de la vôtre ? Il faut l'accepter, voyons. Et situation presque double ?

HENRI. — Oh ! c'est inutile, je n'accepterai pas.

GONTHIER. — Parce qu'elle est concurrente de la vôtre ? Il faut accepter, voyons. Et même s'il y a une combinaison pour avoir les deux sans qu'elles s'en doutent... Je ne sais pas, moi... si c'est possible... N'est-ce pas, Blivet ?

BLIVET. — Mais oui.

GONTHIER. — Du moment que Blivet vous le dit, c'est un homme qui connaît les affaires... D'ailleurs, il est dans votre partie...

HENRI. — Dans ma partie ?

GONTHIER. — Oui, dans la métallurgie.

HENRI, *à part.* — Bon ! bon !

GONTHIER. — C'est un grand métallurgiste.

HENRI, *même jeu.* — Eh bien, ça va être bien !

BLIVET. — Vous représentez la « Artberg Gesellschatf » ?

HENRI. — Oui, oui...

BLIVET. — C'est surtout dans les aciers chromés que vous travaillez, n'est-ce pas ?

HENRI. — Dans les aciers chromés, oui, oui...

BLIVET. — Pour quel usage ?

HENRI. — Pour tous les usages...

BLIVET. — Vous avez aussi des aciers au ferro-aluminium et à l'iridium ?

HENRI. — Oui oui...

BLIVET. — Etes-vous content des aciers à l'iridium ?

HENRI. — Pas mécontent.

BLIVET. — Sans entrer dans les détails de fabrication, très secrets évidemment, vous pouvez tout de même me dire les résultats que vous avez obtenus comme élasticité et comme résistance à la rupture.

HENRI. — Eh bien, de très beaux résultats...

BLIVET. — Quel chiffre atteignez-vous pour la résistance, par exemple ?

HENRI *à mi-voix*. — Dix ou douze.

BLIVET. — Dix ou douze ?

HENRI. — ...Trois cents...

BLIVET *étonné*. — Ah !

HENRI *à part*. — J'ai très mal répondu. Tant mieux ! Tout va se découvrir, on va me flanquer à la porte..

BLIVET, *à Gonthier*. — Il ne veut pas parler. Il doit être épatant pour la partie commerciale.

GONTHIER. — Il paraît que, comme commerçant, c'est un homme de tout premier *ordre. (Il s'approche de Henri en souriant.)* Oui, oui, c'est un commerçant de tout premier ordre... nous savons cela. Mais mon garçon, j'ai tout le temps l'air de vous parler de votre situation, de votre position, il ne faudrait pas croire que je ne pense qu'à ça... Je suis content que vous ayez une situation, mais ce n'est pas du tout, votre situation qui me plaît, c'est vous. Ce n'est pas du tout parce que vous gagnez de l'argent que je vous donne ma fille...

HENRI, *touché*. — Merci, monsieur Gonthier !

GONTHIER. — Grâce à Dieu, ma fille n'a pas besoin de ce que vous gagnez, et vous n'auriez absolument pas un sou que vous me plairiez tout de même.

HENRI, *avec élan*. — Oh ! mon Dieu, que je vous remercie ! Vous ne pouvez pas vous imaginer ce que vous me faites plaisir en me disant cela...

GONTHIER. — Evidemment, si vous n'aviez rien à vous, je ne vous aurais jamais donné ma fille. Nous n'avons pas besoin de votre argent, mais c'est une garantie pour nous, tout de même ; ça nous prouve que vous êtes un garçon sérieux... (*Il lui tape sur l'épaule.*) un garçon sérieux...

(*Henri sourit tristement. Entrent Berthe et Louise.*)

SCÈNE VII

LES MÊMES, BERTHE, LOUISE.

GONTIER. — Mais voici les petites... Eh bien, ce fameux essayage est terminé ?

BERTHE. — Oh ! ce n'est jamais fini ! (*Elle serre la main de Henri.*)

HENRI, *souriant*. — Bonjour !

BERTHE. — Qu'est-ce que vous avez ?

HENRI. — Rien...

BERTHE. — Des ennuis d'affaires ?

HENRI. — Oui, c'est cela...

BLIVET. — Eh bien, c'est un peu long, ces essayages de robes ! Et ce n'est pas fini ! C'est maintenant qu'il va falloir en essayer !...

GONTHIER, *riant*. — Ah ! ah !

BLIVET. — Ah ! ah !

(Berthe a l'air un peu embarrassé et Henri davantage.)

LOUISE. — Ah ! ah ! (*Un temps.*) Situation gênante s'il en fut. Nous savons tous de quoi il est question, seulement on n'en parle pas... Allons ! allons ! pourquoi n'en parlons-nous pas ? (*Avec effort.*) A quand le mariage ?

GONTHIER. — Oh ! moi, je ne demande pas mieux que d'en parler, vous savez bien. Je n'ai pas besoin qu'on mette une paire de gants et qu'on vienne faire auprès de moi une démarche officielle... (*A Henri.*) Mais je vous ai dit pourquoi nous attendions. Il faut que nous allions voir le plus tôt possible ma tante, de Versailles, afin qu'elle ne l'apprenne pas par quelqu'un d'autre, parce que, si elle apprenait la chose par un autre, eh bien, merci ! nous serions beaux !... Aussitôt que vous aurez une après-midi de libre, nous irons à Versailles...

BERTHE. — En auto ?

GONTHIER. — En auto ou en chemin de fer... Alors aussitôt la démarche faite, ce n'est pas moi, mes enfants, qui retarderai les choses... Vous n'aurez qu'à vous mettre tout de suite en campagne pour choisir un appartement..

LOUISE, *à Henri*. — Dans quel quartier allez-vous habiter ?

HENRI, *gêné*. — Eh bien, nous verrons. Pas du côté des Ternes.

GONTHIER. — Il faudra voir ça après-demain !... Supposez qu'on aille à Versailles demain ?

HENRI. — ... C'est que demain... j'ai peur que ça ne me soit pas possible...

GONTHIER. — Mais si ! mais si ! ce sera possible.

HENRI. — ... Je ne crois pas...

BERTHE. — Pourquoi ça ?

HENRI. — Eh bien, je vais tâcher...

GONTHIER. — Pour l'appartement, on choisira quelque chose de spacieux. Autant s'installer pour de bon la première fois et ne pas avoir à s'agrandir plus tard...

BERTHE, *apercevant le sac de bonbons*. — Qu'est-ce que c'est encore que ça ? Oh ! des bonbons... (*A Henri.*) De vous, monsieur Henri ?

HENRI. — Je suppose.

BERTHE. — Nous allons en manger tout de suite.

(Elle ouvre la boîte et en offre à Louise.)

GONTHIER, *prend Henri sous le bras*. — Vous savez que nous n'avons pas encore parlé de la question d'intérêt.

HENRI. — Non, non, n'en parlons pas.

GONTHIER. — Il faut tout de même que je vous dise ce que je donne à ma fille.

HENRI. — Ce n'est pas la peine, ce n'est la peine...

GONTHIER. — Je tiens à vous le dire : je lui

Photo-Film : Cinéromans.

— Je suis charmée de faire votre connaissance... Nous comptons sur vous?

VI.

Photo-Film · Cinéromans.

Barthazard s'efforçait en vain d'apaiser les scrupules d'Henri.

— *Quel mal pouvez-vous me faire? Je ne vous crains pas, vous savez!*

Photo-Film : Cinéromans.

— Ça veut dire que cet Henri ne serait pas du tout ce que nous avons cru...

IX.

donne cinq cent mille francs de dot...

Henri. — Non, non, monsieur Gonthier, ne me parlez pas de ça. Je vous assure que c'est la seule chose qui me déplaise dans mon bonheur.

Gonthier. — Alors vous voudriez la prendre sans dot ?

Henri. — Je ne suis pas partisan de la dot... Je trouve que le mari doit subvenir à lui tout seul à l'existence de son ménage.

Gonthier. — Je sais que vous êtes en mesure de le faire.

Henri. — Oui... Mais même si je n'étais pas en mesure de le faire, je vous parlerais ainsi.

Gonthier. — Admettez tout de même qu'une année vous soyez moins content de vos affaires... Il est vrai que vous auriez toujours la ressource de vous adresser à moi.

Henri. — Eh bien, je voudrais m'en tirer sans m'adresser à vous. J'ai des idées spéciales là-dessus.

Gonthier. — Alors il faudrait vous restreindre ?

Henri. — Eh bien, je me restreindrais, je me restreindrais.

Gonthier. — Mais vous êtes un être extraordinaire ! Vous commencez à m'inquiéter parce que, vraiment, vous êtes un peu exagéré. Quel meilleur emploi voulez-vous que je fasse de ma fortune que de venir en aide à mes enfants ?

Henri. — Eh bien ! il y a des emplois... Il y a bien des emplois... (*Pénétré.*) Il y a du bien à faire...

Gonthier. — Je suis un bon homme, je ne demande pas mieux que de faire le bien.

Henri. — Oh ! il y a du bien à faire... il y a des pauvres hères qui travaillent... des dessinateurs d'art qui ont besoin d'être secourus.

(*Barthazard entre.*)

Gonthier. — Tiens ! voilà Barthazard, nous allons lui demander son avis.

Henri. — C'est ça, demandez-le-lui...

SCÈNE VIII

Les mêmes, BARTHAZARD.

Gonthier, *à Barthazard*. — Il est bien extraordinaire, votre jeune homme !... Savez-vous ce qu'il me dit ? Qu'il veut épouser ma fille sans dot...

(*Un silence.*)

Barthazard. — Ah ! bien ! bien !

Gonthier. — Vous m'avez dit qu'il était très désintéressé, mais à ce point-là ! Blivet ! Ecoute donc ça, Blivet ?

(*Il prend Blivet sous le bras et s'éloigne en remontant vers le fond.*)

SCÈNE IX

BARTHAZARD, HENRI.

Barthazard. — Qu'est-ce que tu as encore été raconter au père Gonthier ? Que tu veux épouser sa fille sans dot, maintenant ?

Henri. — Certainement.

Barthazard. — Mais tu en as de bonnes ! Il est vrai qu'une fois mariés il subviendra toujours à vos besoins... Ça s'arrangera le jour du contrat, mais nous n'en sommes pas encore au contrat, malheureusement...

Henri. — Je t'avais bien dit que ton affaire ne tenait pas debout, qu'un rien pouvait la jeter par terre. D'ailleurs, ça va très mal.

Barthazard. — Comment, ça va très mal ?

Henri. — Oui, ce vieux monsieur que tu vois là-bas et qui n'a l'air de rien... C'est un métallurgiste.

Barthazard. — Eh bien ?

Henri. — Eh bien ! il m'a posé des questions.

Barthazard. — Qu'est-ce que tu lui as répondu ?

Henri, *ravi.* — Oh ! des choses idiotes !

Barthazard. — Tu l'as fait exprès !

Henri. — Je n'ai pas eu besoin... Mais qu'est-ce que tu veux, on ne joue pas du jour au lendemain le rôle que tu veux me faire jouer. Il fallait me faire passer trois ans à l'école des mines.

Barthazard. — Oh ! mais, je vais rattraper ça, moi !

Berthe, *s'approchant de Henri.* — Un bonbon ! Comme il fait une vilaine figure ! Non, vous n'aurez pas de bonbon, et je ne vous parlerai pas tant que vous aurez cette figure-là...

(Elle remonte vers le fond.)

Barthazard, *à Blivet.* — Eh bien ! vous avez essayé de faire parler mon jeune homme ?

Blivet. — Non, moi, je n'ai pas essayé de le faire parler, je lui ai posé quelques questions... Je ne croyais pas aller trop loin.

Barthazard. — Et vous en avez tiré quelque chose ?

Blivet. — Pas grand'chose !

Barthazard. — Vous ne tirerez rien de celui-là. (*A Gonthier, qui s'est approché.*) Tenez, ne lui parlez pas tout le temps des maisons dont il est le représentant, parce qu'en dehors de sa maison allemande il a la représentation non officielle... de plusieurs maisons russes. C'est même ce qui constitue le plus clair de son revenu, mais il n'en parle pas... Cette espèce d'incognito lui sert sur le marché. C'est un homme tout à fait étonnant.

Blivet. — Eh bien ! pourquoi est-il au service d'usines allemandes ou russes, et pourquoi ne cherche-t-il pas à avoir une place dans une usine française ?

Barthazard. — Les usines françaises ne le payeraient pas assez cher.

Blivet. — Et pourquoi donc ? J'en connais qui pourraient être attirées...

Barthazard. — Allons donc ! La vôtre ?

Blivet. — Pourquoi pas ?

Gonthier. — Ce qui me chiffonne, c'est qu'il a l'air triste... Il a l'air sinistre pour un homme qui est en pleins projets de mariage...

Barthazard. — Oui, mais c'est son air... Il est ravi, au fond.

Blivet. — Moi, je sais pourquoi il est comme ça : c'est parce qu'on ne le laisse pas avec la petite fille... Sortons sans avoir l'air de rien.

Gonthier. — Oui, oui, sortons sans avoir l'air de rien.

Barthazard. — C'est ça... nous allons parler de cette affaire...

(Gonthier et Barthazard sortent.)

Blivet, *à Louise*. — Vous n'avez rien à faire là-haut, avec la couturière ?

Louise. — Si, si, c'est entendu, il faut que j'y monte... (*A Berthe et à Henri.*) Excusez-moi ! (*En sortant, à Blivet.*) Ils m'excusent.

SCÈNE X

BERTHE, HENRI.

Berthe. — Enfin, quoi ? qu'est-ce que ça veut dire ? Et puis, pourquoi ne voulez-vous pas aller demain chez ma tante ?

Henri. — Mais je n'ai pas dit que je ne voulais pas y aller...

Berthe. — Mais vous ajournez tout le temps... Enfin, c'est un peu ridicule, c'est moi qui ai l'air de me jeter à votre tête... Je ne devrais pas être obligée de vous pousser ainsi. Après m'avoir dit les sentiments... que vous aviez pour moi... Est-ce que c'est changé ? Est-ce que c'est fini ?

Henri, *exalté*. — Pouvez-vous me dire ? Mais jamais je ne vous ai tant aimée !...

Berthe. — Eh bien ! alors, pourquoi hésitez-vous à m'épouser ?

Henri. — Mais je n'hésite pas. Je désire ardemment que nous vivions ensemble le plus tôt possible...

Berthe. — On ne le dirait pas...

Henri. — C'est parce que... Je ne sais comment vous expliquer. Je suis suffoqué par la rapidité de mon bonheur. Je ne profite pas des choses quand elles passent si vite... C'est un temps si charmant que celui des fiançailles ! Si ça pouvait durer ! Ces moments d'attente délicieuse, on ne les retrouve jamais...

Berthe. — Quel drôle de langage ! Qu'une personne désenchantée de la vie, qu'un vieillard de quatre-vingts ans parle avec attendrissement du temps des fiançailles, voilà qui peut se comprendre... Mais vous, qui devez être impatient de vivre avec moi, pourquoi voulez-vous vous éterniser dans cette période d'attente ? Ce n'est pas naturel... Il y a quelque chose que vous me cachez.

Henri. — Moi ?

Berthe, *le regardant dans les yeux*. — N'êtes-vous pas libre ?

Henri. — Comment ? Si je ne suis pas libre ?

Berthe. — Je vous demande si vous n'avez rien dans la vie qui vous attache... Le soir où vous m'avez parlé pour la première fois, vous m'avez dit que vous aviez déjà été aimé... Est-ce qu'il y a au monde quelqu'un que votre mariage gênerait ?

Henri. — Je vous jure qu'il n'y a rien de tout cela.

Berthe. — Je vous crois... Mais alors, pourquoi ? Pourquoi ?... Oh ! je vois bien que vous ne m'aimez plus !

(Elle se cache le visage dans ses mains.)

Henri, *affolé*. — Elle pleure maintenant ! Elle pleure ! Elle se met à pleurer ! Mais c'est abominable ! Je ne veux pas que vous pleuriez ! J'aimerais mieux vous emporter, vous emporter tout à moi, au bout du monde... (*Affolé*.) Voulez-vous fuir avec moi ? Je vous enlève !

BERTHE, *stupéfaite*. — Mais pourquoi ça ? Puisqu'on me donne à vous ? (*Inquiète*.) Vous me feriez croire que vous ne pouvez pas vous marier, que vous n'êtes pas libre.

HENRI. — Mais je vous épouserais ! on se marierait à l'étranger, dans une petite église. Nous mènerions une vie modeste. Je travaillerais pour vivre...

BERTHE. — Mais pourquoi ? Pourquoi voulez-vous que je quitte mon père ?

HENRI. — J'ai en horreur tout ce qui vous entoure !

BERTHE. — Vous quitteriez votre situation ?

HENRI, *avec élan*. — Ah ! tout de suite !... Je trouverais une place à Londres, dans une maison de commerce...

BERTHE. — Vous ne savez pas l'anglais ?

HENRI. — Non, mais je sais le français. C'est très utile dans une maison de commerce anglaise.

BERTHE. — Ecoutez, mon ami, en ce moment vous n'êtes pas bien. Vous étiez trop calme tout à l'heure. Et maintenant, vous avez trop d'exaltation... Pourquoi nous en aller, quand tout le monde est si bon pour nous ? Pourquoi ne pas aimer mon père, qui nous aime bien ? Si vos affaires vous tracassent, vous n'aurez plus besoin de travailler après notre mariage. Mon père vous l'a dit... Soyez gentil, ne me tourmentez pas. Vous m'obligez à vous parler sans réserve, parce que je vous vois agité, et pas aussi heureux que vous devriez être... J'ai pour vous une tendresse infinie...

HENRI. — Ah ! oui. Parlez, parlez. Quand vous parlez, je ne pense plus qu'à vous... Il me semble que votre parole m'entraîne avec vous, loin d'ici, comme sur un fleuve d'oubli. Le reste du monde disparaît. Toute ma vie est dans vos yeux... (*Ils se tiennent les mains et se regardent en silence. On entend la voix de Barthazard. Henri tombe accablé sur un fauteuil*.) Ah ! le reste du monde reparaît !

SCÈNE XI

LES MÊMES, BARTHAZARD.

BARTHAZARD, *entrant*. — J'ai une bonne nouvelle à t'apprendre...

HENRI. — Encore !

BARTHAZARD, *à Berthe*. — Quel type !

BERTHE, *à Henri*. — Vous voilà de nouveau avec une drôle de figure. (*Bas*.) Votre ami ne vous réussit pas, je lui réussis mieux... Je vous laisse tout de même avec lui. Louise m'attend là-haut. A tout à l'heure ! (*Elle lui tend la main, Henri la lui saisit et la lui baise avec effusion*.) Mais je ne m'en vais pas en Amérique... on va se revoir ? (*Il lui baise encore la main*.) A tout de suite !

(*Elle s'en va en lui jetant un regard un peu inquiet*.)

SCÈNE XII

BARTHAZARD, HENRI.

BARTHAZARD. — Le père Blivet est emballé sur ton compte. Il veut se séparer de son directeur qui le sert admirablement depuis vingt ans, pour te prendre, toi, dans son usine, simplement parce qu'il ne te connaît pas et qu'il te payerait trois fois plus cher... Tu vois que ça va bien.

HENRI, *d'un ton équivoque*. — Oui, oui, ça va bien.

BARTHAZARD. — Mais ce n'est pas tout ça. Il faut que l'affaire aille précipitamment. Pourquoi as-tu dit que tu n'étais pas libre demain pour rendre visite à la tante de Versailles ?

HENRI. — Eh bien ! parce que, dans deux ou trois jours, c'est encore assez tôt...

BARTHAZARD. — Tu es bon, toi ! Je ne veux pas attendre. Je suis à la veille d'être saisi, et, si je suis saisi, nous la dansons, car je perds tout crédit, et le père Gonthier toute confiance... J'ai besoin de vingt mille francs d'ici deux jours. Je ne peux les trouver qu'en négociant le premier billet de vingt-cinq mille francs que tu m'as signé. Mais il faut pour cela que les fiançailles soient officielles, que l'on sache que tu vas devenir le gendre du père Gonthier... Alors, je pourrai négocier ta signature ! Tes autographes commenceront à avoir de la valeur... C'est pour cela, mon vieux, qu'il vaut mieux aller demain à Versailles.

HENRI. — Je t'en prie, attends deux jours encore.

BARTHAZARD. — Tu m'embêtes ! Je t'ai déjà dit qu'il faut que ce soit demain...

HENRI. — Eh bien, alors...

BARTHAZARD. — Eh bien, alors ?...

HENRI. — Eh bien, alors, ça ne sera pas du tout.

BARTHAZARD. — Il est fou ! Qu'est-ce qui lui prend maintenant ?

HENRI. — Il me prend que j'en ai assez ! Je ne suis pas fait pour mentir tout le temps comme ça. Une fois de temps en temps, je ne dis pas. Mais constamment, sans arrêter ! C'est esquintant ! Et il me faut avoir une mémoire ! Quand on dit la vérité, au moins c'est plus facile, on n'est pas excédé par cette peur continuelle de se couper...

BARTHAZARD. — Pauvre petit ! Je te plains !

HENRI. — Oh ! oui, tu peux me plaindre... Ce n'est pas gai ! Et puis non seulement ça me fatigue, mais ça me dégoûte... Tu ne peux peut-être pas comprendre ça !

BARTHAZARD, *ironique*. — Je n'atteins pas à ton niveau moral.

HENRI. — Mais il ne s'agit pas de niveau moral... Je veux dire que c'est beaucoup plus pénible pour moi que pour toi, de m'obliger de mentir à un être... que j'aime... le seul que j'aime au monde.

BARTHAZARD. — Mais c'est précisément, espèce de fourneau ! parce que tu l'aimes et parce qu'elle t'aime que ça n'a aucune importance. Ça s'arrangera tout seul, cette histoire-là. Plus les choses seront engagées, et moins il y aura de chances de rupture. Quand la vérité éclatera, ça finira par une petite scène de famille, et puis, on se raccommodera.

HENRI. — Oui, oui, ce sera du raccommodé !

BARTHAZARD. — Eh bien ! ce sera du raccommodé, du bonheur recollé... Ça vaudra toujours mieux que ce que tu avais avant.

HENRI. — Mon vieux, quand on a cru avoir ce que j'espérais, on ne se contente pas de l'à peu près... Oh ! tu ne peux pas comprendre ça !...

BARTHAZARD. — Non, non ! je ne comprends pas.

HENRI. — Pour toi, tu admets qu'on peut entrer dans la vie des gens en leur inspirant de la confiance, de l'amitié et de l'amour... Moi, je trouve que c'est effrayant de gâcher ces beaux sentiments-là en s'en servant comme d'instruments d'effraction. Quand j'étais enfant, et que j'avais des parents riches, je me rappelle qu'un jour un domestique s'était servi d'un couteau d'or ciselé pour ouvrir un buffet dont on avait perdu la clef. Il a ouvert le buffet. Mais le couteau d'or a été abîmé. On n'a jamais pu le ravoir...

BARTHAZARD. — Il dit des fables, maintenant... C'est un fabuliste, c'est un moraliste...

HENRI. — Tu m'embêtes ! Je te répète qu'il ne s'agit pas de morale. Tu me demandes des choses impossibles : cette jeune fille m'aime ; elle me croit un brave garçon.

BARTHAZARD. — Tu le deviens terriblement !

HENRI. — Le jour où elle verra qu'elle s'est trompée sur mon compte...

BARTHAZARD. — Elle te pardonnera...

HENRI. — Oui, la faiblesse de son affection l'attachera sans doute à moi... Mais je ne veux pas de ça. Tu ne sais pas ce que c'est que de voir de la tendresse, de la confiance, de l'abandon sur ce joli visage... Le jour où ça disparaîtrait, où je lirais de la défiance dans ses yeux, ce serait intolérable.

BARTHAZARD. — Je t'admire, mon vieux.

Je t'admire très sincèrement. L'amour a fait une conversion. Alors, tu te figures que c'est arrivé et que tu es devenu un honnête homme ?... Je la connais, ton honnêteté ; veux-tu que je te dise ce que c'est ? C'est tout simplement la peur d'être découvert. Tu ne te gênerais pas pour trahir si tu étais sûr que ta trahison ne fût jamais dévoilée.

HENRI. — Oh ! mon vieux, je ne suis pas sûr d'être honnête homme. Mais toi, je crois bien que tu es une fripouille. Moi, c'est possible que je l'aie été. Mais c'est fini, je ne marche plus. Ce n'est pas de ma faute, je ne peux plus marcher !

BARTHAZARD. — Eh bien ! ça y est, ça y est, il n'y a pas d'erreur ! Il est honnête ! Mais quel changement rapide ! Tu as donc fait un héritage, pour te payer des scrupules pareils ? Il y a sept ou huit jours, quand je t'ai rencontré dans ce bal où tu venais sans être invité, qu'est-ce que tu étais, mon petit garçon ? Comment vivais-tu ? Je ne sais pas les détails de ton existence en dehors de ceux que j'ai révélés au père Gonthier, mais comment vivais-tu ? Tu faisais des dettes, tu commandais des habits à ton tailleur en sachant que tu ne les payerais pas, tu acceptais de gros cigares qu'on ne t'avait pas offerts, tu empruntais de l'argent en sachant que tu ne pouvais pas le rendre, tu faisais des billets de complaisance... A cette époque, tu n'avais pas encore attrapé cette belle maladie d'honnêteté !

HENRI. — C'est possible que j'aie fait tout cela. J'ai roulé deux ou trois tailleurs que je connaissais à peine. Au moment de payer ma chambre, j'ai raconté des histoires de brigands à ma vieille patronne d'hôtel

BARTHAZARD. — Tu ne l'aimais pas d'amour !

HENRI. — Eh bien ! oui, c'est ça ! je ne l'aimais pas d'amour. Tous ces vilains torts, ça n'était pas de la trahison. J'ai appris ce que c'était que de trahir quand j'ai appris ce que c'était que d'aimer.

BARTHAZARD. — Allons ! l'amour a fait de toi un garçon vertueux ! Et maintenant, tu es arrivé à un instant de la vie où tu ne trahiras plus personne...

HENRI. — Je le crois.

BARTHAZARD. — C'est magnifique ! c'est digne de tous les prix Montyon à la fois... Seulement, je regrette que ça ne t'ait pas pris un peu plus tôt, parce que moi, Barthazard, je ne bénéficierai pas de ces belles résolutions. Car tu ne t'aperçois peut-être pas de ça, mais tu vas me trahir, moi ! Je suis un faiseur, c'est entendu, tu auras tous les honnêtes gens pour toi... N'empêche que, lorsque je t'ai proposé ce marché, qui aujourd'hui te semble infâme, tu l'as accepté, mon petit garçon ! Si j'avais cru avoir affaire à un faux frère, est-ce que tu crois que je me serais engagé là dedans ? Mais je cours encore plus de risques que toi ! J'avais une situation... mettons une situation morale, auprès de tous ces gens-là. Elle va être compromise, parce que toi, qui n'étais pas connu d'eux il y a huit jours, tu vas vendre la mèche, tu vas manger le morceau... Je sais ce que tu vas me répondre, homme honnête ! Ta trahison envers moi ne compte pas ! Notre accord, aucune loi ne l'a sanctionné. Mais il était tout de même fondé sur notre bonne foi réciproque... Alors, tu crois que tu ne me trahiras pas ! Mais tu me

trahiras avec toutes les excuses, que dis-je ! avec l'auréole ! parce que, me trahissant, tu auras la morale de tous les honnêtes gens avec toi ! C'est parfait !

HENRI, *après un silence.* — Oui, tu as trouvé le seul argument qui pouvait me toucher. Oh ! comme c'est embêtant ! Comme c'est embêtant ! Comme c'est compliqué !

BARTHAZARD. — Tu vois, c'est compliqué aussi d'être honnête !

HENRI. — Oui, parce que j'ai commencé aussi par être autre chose... Comment faire ? Ecoute. Il s'agit de me sortir de là sans que ça te nuise à toi. Car la raison que tu m'as donnée est bonne pour toi, mais elle ne vaut rien pour ces gens-là. Ce n'est pas juste, parce que j'ai commencé à les estamper avec toi, pour que je continue par considération pour toi... Tu n'as pas droit au bénéfice de cette combinaison. Mais c'est évidemment mon devoir de t'en épargner la honte. Ecoute, tiens, va trouver le père Gonthier, dis-lui que je l'ai mis dedans, fournis-lui les preuves... Tu as des billets sur toi que je t'ai signés. Mais ils sont à ton nom, malheureusement.

BARTHAZARD. — Non, non, ils ne sont pas à mon nom...

HENRI. — Ah ! tu es un homme de précaution... Dis au père Gonthier qu'on t'a remis ces billets : c'est une preuve que j'ai pris des engagements après mon mariage.

BARTHAZARD. — Mais je ne ferai pas ça. Je t'ai laissé aller jusqu'au bout pour voir où tu voulais en venir. Mais je ne ferai jamais ça...

HENRI. — Pourquoi ? Puisque je t'y autorise !

Barthazard. — Je me fous de ton autorisation... Tu traverses en ce moment une crise à laquelle je ne fais aucune attention. Quand cette petite crise sera terminée, dans une demi-heure, tu verras qu'il n'y a qu'un seul parti à prendre : c'est d'épouser Mlle Gonthier.

Henri, *décidé*. — Si tu ne pas trouver le père Gonthier, c'est moi qui lui parlerai. Je vais lui dire tout, et j'ajouterai (*D'un ton de délivrance.*) que je ne comprends rien à la métallurgie ! Je crois que si l'on m'offrait une vraie situation dans la métallurgie, je n'accepterais pas... Je parlerai donc au père Gonthier. Je lui parlerai courageusement. Ou plutôt je lui écrirai. Je lui écrirai une lettre où je prendrai tout sur moi.

Barthazard, *avec autorité*. — Tu n'écriras pas cette lettre.

Henri. — Je vais l'écrire, et tout de suite !

Barthazard. — Ne crie donc pas si fort, le père Gonthier est là.

Henri. — Eh bien, qu'il vienne en ce moment ! Je suis surexcité... Peut-être que je lui parlerai.

Barthazard. — Ecoute, va m'attendre chez moi. Je te demande une demi-heure de discussion, mais de discussion paisible... Je te convaincrai.

Henri. — Je t'accorde une demi-heure, mais tu ne me convaincras pas... Ah ! quel soulagement, quel orgueil j'aurai à me promener et à dire aux gens : « Je n'ai pas le sou ! Je suis dans la débine ! Je suis dans la nasse ! Je suis dans la mouise ! »

Barthazard. — Tais-toi ! Tais-toi !

Henri, *continuant*. — Je suis décavé ! Je suis fauché ! Je suis un purotin !

(*Il sort très exalté.*)

Barthazard, *seul, marchant avec énervement*. — Non ! non ! Mais qu'est-ce que je vais faire de cet imbécile ?... C'est très dangereux, cette histoire-là ! Il va tout me flanquer par terre. (*On sonne.*) Allons, bon, voilà du monde ! Comment vais-je m'en tirer maintenant ? Ah ! j'aime mieux avoir affaire à des crapules qu'à des crétins de ce tonneau-là ! Au moins, avec des crapules, on se défend !

SCÈNE XIII

HERBERT, BARTHAZARD

Herbert. — Tiens, Barthazard ?... Je ne suis pas fâché de vous rencontrer pour vous dire un peu ce que j'ai sur le cœur. Je suis content de vous, mon garçon. Quand vous viendrez à la banque me demander un service, comme cela vous est arrivé quelquefois, je saurai me souvenir de ce que vous avez bien voulu faire pour moi.

Barthazard. — Qu'est-ce que vous me racontez là ?

Herbert. — Oh ! ne faites pas l'innocent, vous le savez aussi bien que moi. Vous ne saviez pas que je m'étais mis sur les rangs pour épouser Mlle Gonthier ?

Barthazard. — Eh bien ?

Herbert. — Eh bien, vous m'avez jeté un

concurrent dans les jambes... Mais soyez tranquille, mon vieux Barthazard, tout se paye dans la vie. Vous récolterez ce que vous avez semé.

BARTHAZARD, *après un silence.* — Oh ! vous êtes extraordinaire ! Vous auriez pu me mettre au courant d'une façon plus explicite. Si vous m'aviez dit que vous étiez en ligne, évidemment, étant donné les relations que nous avons eues ensemble, j'aurais évité de vous amener un concurrent. Mais je croyais que vous plaisantiez, je ne croyais pas que vos projets étaient sérieux.

HERBERT. — Pas sérieux ! Pas sérieux ! mais je ne pense qu'à ça depuis deux ans. Je me suis tellement habitué à l'idée que je l'épouserais, que je ne peux m'imaginer que je puisse vivre autrement... Eh bien, c'est de l'amour ? Si ce n'est pas de l'amour, ça y ressemble.

BARTHAZARD. — Est-ce que la jeune fille vous aime ?

HERBERT, *nerveusement.* — La jeune fille ne m'aime pas beaucoup, je le veux bien, mais qu'est-ce qui me dit qu'elle n'aurait pas fini par m'aimer : à la longue, on se fait aimer par une femme quand elle n'a pas autre chose en vue... J'ai entendu des jeunes filles blaguer pendant six mois des jeunes gens qui leur faisaient la cour. On s'absente, on retrouve ces jeunes filles. On commence à blaguer les jeunes gens avec elles. On s'aperçoit qu'elles éludent la plaisanterie. On sent qu'il ne faut plus blaguer. Le monsieur qu'on débinait est arrivé à ses fins. J'aurais fini par me faire aimer, tout comme un autre, mais à la condition qu'elle ne pense pas à quelqu'un d'autre... J'avais les plus grandes chances de passer à l'ancienneté, mais il fallait, pour ça, qu'il n'y eût pas de promotions au choix pour me barrer le passage.

BARTHAZARD. — Vous vous désespérez, mais, enfin rien n'est encore fait...

HERBERT. — Allons donc ! mon cher, c'est absolument officiel. On disait dans une maison d'où je sors que le mariage avait lieu dans un mois.

BARTHAZARD. — Si vous écoutez ce que disent les gens ! Tant qu'il n'y a pas eu de démarche officielle, de demande en mariage, les fiançailles ne comptent pas.

HERBERT. — Mais les fiançailles se font dans deux jours !

BARTHAZARD. — Qu'est-ce qui vous a dit ça ?

HERBERT. — C'est ce qu'on dit de tous les côtés.

BARTHAZARD. — Au lieu de vous renseigner auprès de tout le monde, et de tous les côtés, demandez-moi un tuyau de la dernière heure.

HERBERT. — Eh bien, je vous le demande... Parlez donc ! il est agaçant !

BARTHAZARD. — Eh bien, les fiançailles ne se feront jamais.

HERBERT. — Qu'est-ce que vous me racontez là ?

BARTHAZARD. — Il y a qu'on s'est trompé, qu'il y a erreur : la personne présentée, que j'ai présentée moi-même, n'était pas du tout ce qu'on... ce que nous croyions.

HERBERT. — Qu'est-ce que vous me racontez là ?

BARTHAZARD. — Des choses qui ne sont pas très gaies.

HERBERT. — Eh bien, dites donc, ça n'est pas triste pour tout le monde, et ça pourrait être très agréable pour moi.

BARTHAZARD. — Comment, très agréable pour vous ?

HERBERT. — Eh bien, si ce mariage ne se fait pas, je reprends mes chances, dites donc ?

BARTHAZARD. — Vous reprenez vos chances... Elles ne sont pas très épaisses, vos chances ! Elles sont ce qu'elles étaient avant... c'est-à-dire que, malgré votre fortune, nous parlons ici à cœur ouvert, vous n'aviez pas beaucoup de chances auprès de la famille Gonthier. Le père Gonthier...

HERBERT. — Il ne me déteste pas...

BARTHAZARD. — Il ne vous a pas précisément à la bonne... Mlle Gonthier, de son côté, je veux bien croire qu'elle finira par vous aimer...

HERBERT, *d'un air fat.* — Je pense...

BARTHAZARD. — Mais ce n'est pas encore couru... En somme, vous n'avez pas grand monde dans la maison qui puisse vous soutenir.

HERBERT. — Si je trouvais un camarade de bonne volonté...

BARTHAZARD. — Je ne vois pas qui... Ce n'est pas de moi que vous vouliez parler ?

HERBERT. — Pourquoi donc pas ?

BARTHAZARD. — Vous n'y pensez pas, mon vieux !... J'étais l'ami du garçon que j'ai amené ici ; il s'est mal conduit, je le veux bien, il s'est mal conduit ; tout de même, il m'est impossible de soutenir une autre candidature.

HERBERT. — Pourquoi ça ? Du moment qu'il vous a fichu dedans ?

BARTHAZARD. — Non, non, ce n'est pas mon genre...

HERBERT. — Barthazard, vous avez tort de ne pas me venir en aide.

BARTHAZARD. — Pourquoi est-ce que j'ai tort ? On dirait que vous me menacez ! Quel mal est-ce que vous pouvez me faire ? Je ne vous crains pas, vous savez ! Ma situation actuellement — je n'ai pas de mystère à faire avec vous — ma situation est fichue. J'ai de très gros embarras. Il n'y a pas moyen d'en sortir...

HERBERT. — Il n'y a pas moyen d'en sortir... avec un bon coup de main ?

BARTHAZARD. — Qui voulez-vous qui me le donne ?

HERBERT. — Eh bien, des personnes à qui vous pourriez donner un autre coup de main en échange.

BARTHAZARD. — Ah ! On dit ça, on dit ça... On promet beaucoup de choses, mais je ne crois pas beaucoup à la reconnaissance des gens.

HERBERT. — Non, mais si cette reconnaissance est écrite et signée, vous pourriez peut-être y croire ?

BARTHAZARD. — Oh ! vous m'enjôlez, vous ! Je ne marche pas.

HERBERT. — Vous avez de quoi écrire ?

BARTHAZARD. — Nous ne sommes pas très bien ici pour causer.

HERBERT. — Eh bien, il y a un café très convenable en face... J'y ai passé des heures cette semaine, à attendre l'entrée ou la sortie de votre protégé.

BARTHAZARD. — On peut toujours aller au café. Allons au café.

HERBERT. - Allons.

Barthazard. — Allons ! Mais ne perdons pas de temps, je suis pressé.

(Ils sortent. Le domestique, portant un plateau chargé, entre, suivi de Léontine.)

SCÈNE XIV

LÉONTINE, FÉLIX, puis BERTHE, JEANNE.

Léontine, *à Félix.* — Mettez ça par ici, et ne vous fatiguez pas, mon pauvre garçon. Vous allez vous faire du mal.

Félix. — Cette sacrée petite Berthe qui me fait rester ici toute l'après-midi pour lui servir son thé, à elle et à ses petites amies, quand je pourrais être aux courses de Saint-Ouen, en train de perdre ma bonne galette !

Léontine. — Et la mienne avec. Deux fois vingt-cinq sous que vous m'avez fait parier hier. Taisez-vous d'abord. Et puis, fermez ensuite... Voilà ces demoiselles.

(Elle sort.)

SCÈNE XV

FÉLIX, BERTHE, JEANNE, LOUISE.

Berthe. — Ah ! voilà notre goûter !
Louise. — Il n'est que temps !
Berthe. — Pas somptueux, notre goûter. Gaufrettes, pain perdu, petites galettes salées. (*A Jeanne.*) Qu'est-ce que tu vas devenir, toi qui ne peux supporter que les sandwiches au rosbif ?

Jeanne. — Oh ! moi, avec un peu de pain et un restant de fromage !

Berthe. — Il y a du rosbif. On va te faire des sandwiches.

Jeanne. — Oui, mais le pain et le fromage, tout de même...

Berthe. — Vous entendez, Félix ?

Félix. — Oui, mademoiselle... (*Fausse sortie.*) Ces demoiselles prendront peut-être du malaga.

Jeanne. — Non. Simplement une bouteille de bourgogne.

Louise, *regardant Berthe.* — Est-elle gentille ! Sa bonté s'étend sur toute la nature.

Jeanne. — A ses petites amies elle donne la pâture. Ce que c'est que d'être heureuse, tout de même ! Il n'y a rien de tel que ça pour vous mettre de bonne humeur !

Berthe. — Oui, je suis contente. Depuis ce fameux bal, je ne cesse pas d'être contente. Mais je crois tout de même que ma plus grande émotion, mon plaisir le plus profond, je les ai eus ce soir-là. Cette conversation avec Henri, que je ne connaissais pas du tout. Vous savez, l'instant où j'ai senti qu'il me plaisait, que je commençais à lui plaire... Il n'y a pas à dire, c'est très agréable. Et ce que j'aurais été malheureuse de ne plus le revoir après ?

Louise. — Oui, et tu l'as revu. Ton mariage à toi débute par une aventure, au lieu de commencer, comme nos futurs mariages, à nous, par des négociations. Des gens, au courant de notre situation, nous parleront d'un jeune homme dont la situation cadrera avec la nôtre. On nous dira :

le jeune homme est bien. Nous chercherons à nous figurer comme il est, et même, s'il est bien, comme lui ne cadrera pas avec le portrait qu'on s'en sera formé, il y aura toujours une déception.

JEANNE. — Moi, je suis promise depuis l'âge de trois ans à un jeune homme de Lyon, un de mes cousins. Je le déteste. Je le déteste depuis si longtemps que lorsqu'on se mariera je n'aurai plus la force de le détester.

LOUISE. — Oui, mais ce n'est pas encore fait. Et puis, tu fais ton droit. Tu auras une vie indépendante.

BERTHE. — Elle fait son droit?

JEANNE. — Je ne t'ai pas dit? Je te l'ai dit quatre fois depuis huit jours. Mais tu ne m'as pas écoutée ! J'apprends même la procédure dans l'étude de mon père. Et je suis déjà très forte.

BERTHE. — Voyez-vous ça? Tu serais capable de me faire mon contrat?

JEANNE. — Peut-être... Régime dotal ou communauté réduite aux acquêts?

BERTHE. — Oh ! je n'en sais rien...

LOUISE. — Tout ce qu'elle sait, c'est qu'elle se marie.

(Félix entre avec une assiette de sandwiches et du fromage.)

JEANNE. — Voilà les sandwiches et le fromgi.

BERTHE. — Le quoi?

JEANNE. — Le fromgi. C'est un petit clerc d'étude qui dit comme ça. Il paraît que c'est bien meilleur quand on dit le fromgi.

BERTHE, *à Félix.* — Félix, pourquoi est-ce que papa ne vient pas goûter ?

FÉLIX. — Il y a quelqu'un avec Monsieur. C'est M. Herbert qui est venu lui parler, même qu'il avait l'air pressé.

BERTHE. — Qu'est-ce qu'il peut bien vouloir à papa ?

LOUISE. — Il vient demander ta main.

BERTHE. — Il arrive un peu tard... Pas disponible.

JEANNE, *mangeant.* — Qu'il demande toujours. Il n'en est pas à un refus près.

(Félix sort.)

BERTHE. — Je voudrais bien savoir ce qu'Herbert est venu dire à papa.

(Félix rentre.)

FÉLIX. — J'apporte de l'eau bouillante pour le thé de Monsieur. M. Herbert vient de s'en aller, et voici Monsieur...

BERTHE, *à Gonthier.* — Eh bien, papa, si tu avais la gentillesse de venir goûter avec tes petites amies...

JEANNE. — C'est vrai, ça !

LOUISE. — Vous vous conduisez très mal, monsieur Gonthier.

BERTHE, *à Gonthier.* — Papa, qu'est-ce qu'il te voulait, Herbert ?

GONTHIER. — Rien, rien.

BERTHE. — Mais tu as l'air ennuyé.

GONTHIER. — Mais pas du tout.

BERTHE. — Papa, tu vas me dire ce que tu as.

GONTHIER. — Mais je n'ai rien, je t'assure.

BERTHE. — Tu as quelque chose.

GONTHIER. — Eh bien ! Il y a que j'ai manqué de flanquer Herbert à la porte. C'est un vilain bonhomme.

LOUISE. — Qu'est-ce qu'il a fait ? Rien ne m'étonne de lui.

Gonthier. — Oui, mais tout de même, je ne m'attendais pas à cela ! J'admets que le mariage de Berthe le défrise, mais de là à employer de pareils moyens...

Berthe. — Mais qu'est-ce qu'il a fait ?

Gonthier. — Eh bien ! ma foi, tant pis ! Je te raconte tout ça... Je lâche le paquet ! Il m'a apporté de soi-disant billets qui auraient été signés par Henri, d'après lesquels Henri s'engagerait à payer une somme de cinquante mille francs après son mariage.

Louise. — Mais qu'est-ce que ça veut dire, ça ?

Gonthier. — Ça veut dire que cet Henri ne serait pas du tout le garçon que nous avons cru. Ce serait un imposteur qui a cherché à se procurer de l'argent en faisant un riche mariage ! Tout simplement !

Louise. — Et Herbert a le toupet de prétendre une chose pareille ?

Gonthier. — Et de me montrer des billets signés d'Henri.

Jeanne, *doctorale*. — Voyons... Il s'agit de lettres de change, avalisées par Henri, et qu'un tiers porteur devrait négocier ?

Gonthier. — Oui, oui...

Louise. — Et vous avez flanqué Herbert à la porte ?

Gonthier. — C'est-à-dire que j'étais tellement ahuri que je l'ai laissé partir, comme ça, tout tranquillement, mais il était à peine descendu que je voulais le rappeler pour le mettre à la porte !

Louise. — Quel vilain homme que cet Herbert !

Léontine, *entrant*. — Monsieur, voici ce qu'on vient d'apporter de la part de M. Henri.

Gonthier *ouvre la lettre*. — C'est trop fort ! (*Il tombe assis*.) Ah ! mon enfant ! (*A Berthe*.) Ah ! ma pauvre fille, c'est une lettre d'Henri qui s'accuse de lui-même. Voilà : « Monsieur. Je ne suis pas du tout celui que vous croyez... Je n'ai jamais eu la position que je vous ai annoncée. Je ne gagne pas soixante mille francs par an, et je suis un purotin, un purotin !... » Il répète « un purotin »... Il souligne...

Berthe. — Oh ! papa ! papa !

(*Elle s'en va dans sa chambre.*)

Gonthier, *courant derrière elle*. — Ma petite ! ma pauvre petite !

SCÈNE XVI

LÉONTINE, JEANNE, LOUISE.

Léontine. — Qu'est-ce que vous pensez de ça, mesdemoiselles ?

Louise, *à Léontine*. — Et vous, qu'est-ce vous dites de ça, Léontine ?

Léontine. — Oh ! moi, je ne peux pas m'imaginer que ce petit jeune homme soit un coquin !

Louise. — Mais il s'accuse lui-même !

Léontine, *obstinée*. — Je ne peux pas me l'imaginer...

Louise. — Eh bien ! moi non plus !

Jeanne. — Eh bien ! moi non plus !

Léontine. — C'est tout de même drôle que vous, mesdemoiselles, ni moi, nous ne pouvons croire que ça soit un vilain monsieur ; et Mademoiselle, elle s'est mise à pleurer ; elle le croit, elle, tout naturellement !

LOUISE. — Parce qu'elle l'aime !

JEANNE. — Parbleu !

LÉONTINE. — Voyez-vous...

(Elle se met à pleurer.)

LOUISE. — Mais ne pleurez donc pas comme ça, voyons ! Vous êtes ridicule ! ça s'arrangera !

(Elle se met à pleurer.)

JEANNE. — Allons, voyons, tout s'arrangera !

(Elle se met à pleurer.)

LÉONTINE, *regardant la corbeille.* — Il faudra tout de même que je retire cette corbeille d'ici. (*Regardant les fleurs.*) Elles sont plus belles que jamais !

JEANNE. — Vous n'avez pas un peu de pain de ménage ?

ACTE TROISIÈME

La scène représente le magasin d'un tapissier. A droite et à gauche, des meubles, armoires, fauteuils, canapés, chaises. Dans le fond, un escalier qui monte à une galerie au premier étage. Cette galerie est elle-même remplie de meubles. Au fond, sous l'escalier, un bureau vitré. A droite, une devanture vitrée, ouvrant sur la rue.

SCÈNE PREMIÈRE

Mme EDMOND,
puis RÉMY, homme de peine.

(Mme Edmond est debout près du petit bureau vitré. Elle tient à la main un cornet acoustique dont le tube s'en va dans le bureau. Elle écoute dans le cornet acoustique et donne des signes d'impatience.)

Mme EDMOND. — Mais non ! Mais non ! *(Parlant dans le cornet.)* Ce n'est pas l'étoffe Louis XV qu'il faut mettre sur le petit fauteuil... Je vous l'ai déjà répété dix fois... Ce sont les bois qu'il faut garnir...

(Elle met le cornet à son oreille, écoute, puis parle à nouveau dans le cornet.) Le coupon vieux rose que j'ai dans l'armoire, à droite... *(Signe d'impatience. Elle met le cornet à son oreille, écoute encore, puis porte le cornet à sa bouche.)* Pas celui qui est devant... *(Nouveau signe d'impatience.)* Celui du deuxième rayon, à côté d'un paquet d'échantillons de franges... *(A elle-même.)* Oh ! Il faut tout faire par soi-même... On n'est pas secondé ! *(Parlant dans le cornet.)* C'est le paquet de coupons en trois morceaux... *(Silence.)* Vous prendrez le moins long et le plus large... *(A elle-même.)* Si je n'avais pas tout ça dans la tête ! *(Parlant dans le cornet.)* Il y en a deux qui sont à peu près de la même longueur... Eh bien ! vous prendrez le plus large de ces deux là... Celui où la coupe s'en va un petit peu en biais, parce qu'on a donné un échantillon. *(Après un silence.)* J'espère

que vous avez compris et que je n'aurai pas besoin de me déranger... Rémy !

(Elle remet le cornet en place.)

Rémy, *arrivant du fond, où il époussetait des meubles.* — Madame ?

Mme Edmond, *avec impatience.* — A-t-on apporté la peluche vert mousse de chez Sérafino ?

Rémy, *répétant avec application.* — A-t-on apporté la peluche vert mousse de chez Sérafino ? *(Après une courte réflexion.)* Non, madame, on n'a rien apporté du tout.

Mme Edmond. — Il faudra y aller tantôt. Savez-vous si la voiture a été chez la comtesse de Guerzey pour y prendre la petite armoire ?

Rémy, *répétant.* — Savez-vous si la voiture a été chez la comtesse pour la petite armoire ? *(Après réflexion.)* Oui, je sais si elle y a été, madame... Elle n'y a pas été.

Mme Edmond. — Qu'est-ce qu'elle attend pour cela ? On avait dit que c'était pressé... Il faut que je fasse tout par moi-même... Le nouvel employé est-il là ?

Rémy. — Le nouvel employé est-il là ? Oui, madame, le nouvel employé, il est là. Faut-il le faire venir ?

Mme Edmond. — Dites-lui qu'il vienne me parler.

Rémy. — Dites-lui qu'il vienne me parler... Je vais lui dire de parler à Madame. *(Il va vers le fond. A Henri.)* Voulez-vous venir parler à Madame... *(A Mme Edmond.)* Voilà le nouvel employé qui vient parler à Madame.

(Entre Henri. Rémy va au fond et sort au bout d'un instant.)

SCÈNE II

Mme EDMOND, HENRI

Mme Edmond. — Nous allons encore continuer comme ces jours-ci... Je vous avais dit que je vous emploierais aux achats d'étoffes, puisque vous êtes dessinateur et que vous avez conséquemment le goût des jolis motifs. Mais vous resterez encore deux ou trois jours à la vente, car, plus vous vous rendrez compte du goût de la clientèle, mieux ça vaudra... C'est certainement intéressant de choisir de belles choses à son idée, mais il faut entrer un peu dans les idées du monde et voir ce qui leur plaît... *(Avec mépris.)* Ce qui leur plaît ! Ils ont quelquefois des goûts ! Enfin, il n'est pas mauvais de les connaître. C'est, en tout cas, une excellente indication, pour une personne comme vous, qui êtes appelé à vous occuper des achats. Je crois que vous arriverez à vous en tirer. La seule chose qui me chiffonne, c'est que vous ayez l'air aussi triste...

Henri, *tristement.* — Je n'ai pas l'air triste, madame.

Mme Edmond. — Vous n'avez pas l'air gai... Pour la clientèle, il ne faut pas avoir l'air triste comme ça. Moi qui vous parle, avec eux, j'ai l'air de bonne humeur, mais, si je n'écoutais que mon estomac, je serais plutôt maussade et tout ce qu'il y a de plus crin. Souvent, je souris au monde quand je voudrais les envoyer à tous les diables. Et j'ai

Photo-Film : Cinéromans.

— Ma petite! Ma pauvre petite! répétait Gonthier, désemparé.

X.

— C'est bien... je vais tâcher **d'a**voir l'air plus gai...

XI.

l'air de m'intéresser à toutes leurs histoires.

HENRI. — Je vais tâcher d'avoir l'air plus gai...

Mme EDMOND. — Je sais bien que ça n'a pas une grande importance, puisque vous n'êtes pas pour rester à la vente. Quand je vous emploierai comme acheteur, il ne sera pas mauvais d'avoir cet air triste et dégoûté comme en ce moment... (*Elle écrit quelques mots sur son carnet et fait un geste pour sortir.*) Je vais jusqu'à la manutention. Je serai de retour dans quelques instants.

SCÈNE III

HENRI, RÉMY.

HENRI. — Venez vite par ici. Vous avez été là-bas, rue d'Anjou ?...

RÉMY. — Rue d'Anjou ?... J'y suis été... J'ai regardé sous le grillage... la publication des bans... (*Avec satisfaction.*) La publication des bans... Il y en a cinq ou six... Milliard... Dupont... Roco... Roqui... comment donc ? Roco...

HENRI. — Mais il n'y avait pas les noms que je vous ai dits ?

RÉMY. — S'il y avait les noms que vous m'avez dits ?... Non, non, ils n'y étaient pas. Voilà vot' petit papier, où c'est qu'ils sont écrits... Ils y sont toujours sur le papier... Gonthier... Mlle Berthe Gonthier... M. Herbert. J'ai fait ça avec soin... J'ai d'abord regardé les noms sur le petit papier, puis j'ai regardé les noms sur le grillage... puis, si c'est pareil, je dis : « C'est pareil... » Mais c'est pas pareil...

HENRI. — Gardez ce papier, vous y retournerez tout à l'heure.

RÉMY. — J'y retournerai tant que vous voudrez... Mais on n'en mettra plus aujourd'hui, l'employé me l'a dit. J'y retournerai si vous voulez.

HENRI. — Pas aujourd'hui.

RÉMY. — Enfin, je vais toujours le garder pour demain, le petit papier, avec le nom de votre bonne amie...

HENRI. — Oh ! ma bonne amie... elle n'a jamais été ma bonne amie. Je savais bien que je la perdrais en faisant ce que j'ai fait... en écrivant ma lettre...

RÉMY. — En écrivant la lettre ?

HENRI. — Oui, ce sont des choses que vous ne pouvez pas comprendre.

RÉMY. — Oh ! oh ! que je ne peux pas comprendre ! Je comprends bien tout ! Ça m'est arrivé la même chose qu'à vous... Une fois, j'ai écrit une lettre... C'était à une petite... alors, voilà qu'une autre petite m'a disputé... J'étais artilleur à ce moment-là... Voilà que l'artilleur de l'autre petite a rappliqué par là-dessus, on a été pour se flanquer des coups, tant et si bien qu'on a fini par boire, qu'on a rentré éméchés... Alors, en revenant au quartier, la grosse malle... quinze jours de prison, dont huit jours de cellule... c'est toujours la même histoire.

HENRI. — Oui, ça n'a aucun rapport... ça n'a aucun rapport...

RÉMY, *docile*. — Ça n'a aucun rapport.

HENRI. — Evidemment, elle ne peut plus m'aimer... puisque je m'accusais... Mais pourquoi n'a-t-elle pas donné signe de vie ?

Je ne m'attendais pas à être privé d'elle tout à coup... Vous savez, mon vieux, pour ne pas chercher à la revoir depuis quinze jours, il m'a fallu une grande force de caractère, ou beaucoup de lâcheté... Ah ! je suis malheureux, je suis malheureux !

Rémy. — Ça n'a pas de bon sens de se mettre dans des états comme ça... Un garçon comme vous... Vous avez une si gentille petite position !...

Henri. — Je m'en moque bien de cette gentille position... Pendant quatre ans, j'ai cherché une place convenable. Je ne l'ai pas trouvée... Maintenant que je n'y tenais plus, que je m'en fichais, la Providence m'a envoyé une petite place ici pour que je ne lui fasse pas la tête ; elle m'envoie de temps en temps ma petite part de bonnes choses, mais elle choisit toujours le moment où ça ne me fait pas plaisir... Vous comprenez ça ?

Rémy. — Si je vous comprends ! La même chose m'est arrivée à moi... Un petit procès que j'ai eu devant M. le juge de paix... J'avais payé, j'avais égaré le reçu, j'ai dû payer deux fois.

Henri. — Je ne saisis pas... Si vraiment elle m'avait aimé, elle n'aurait pas laissé sans réponse une lettre que j'ai écrite à son père... mais elle n'a peut-être pas osé... Oh ! que je suis malheureux !

(*Il arrache une étiquette d'une armoire à glace.*)

Rémy. — Vous arrachez ces étiquettes ?

Henri. — Oui, ça ne fait rien.

Rémy. — Il vaut mieux ne pas les enlever. On ne les a pas mises là pour ça... Il faut vous calmer un peu... Allons ! allons ! Cal-

mez-vous... Une de perdue, dix de retrouvées...

Henri. — Mais il n'existe pas une autre femme comme celle-là !

Rémy. — Laissez-moi donc tranquille... Mais il y en a des quantités de gentilles, sans compter que celle que vous avez aimée, peut-être bien que vous la voyez plus gentille qu'elle n'est...

Henri. — Eh bien ! non ! C'est ce que je ne veux pas me dire. Je préfère vivre avec cette idée que j'ai perdu irrémédiablement un être précieux que de chercher me consoler en pensant que cet être adorable n'était pas aussi bien que j'avais pensé...

Rémy, *après réflexion.* — Oh ! je comprends très bien ce que vous dites... Ainsi, moi, du temps que j'étais menuisier...

Henri. — Non, non ! Vos histoires sont très intéressantes, je les aime bien, mais ne m'en racontez plus...

Rémy. — Ne m'en racontez plus...

Henri. — Je me sens mal à l'aise... Je suis de plus en plus malheureux... Je me sens fiévreux... c'est intolérable...

(*Il arrache une étiquette attachée à un meuble.*)

Rémy, *la rattachant avec douceur.* — Il vaut mieux laisser les étiquettes après les meubles ; sans cela ça deviendra un peu difficile de s'y reconnaître pour les prix... Tenez, voilà la patronne qui vient, là-bas, et voilà deux dames qui entrent avec elle...

(*Il s'éloigne dans le fond. Entre Mme Edmond, par la droite, suivie de Mme Giraut et de Mme Henriet.*)

SCÈNE IV

HENRI, Mme EDMOND, Mme GIRAUT, Mme HENRIET.

Mme EDMOND, *à Mme Giraut.* — Voulez-vous entrer par ici... Vous jetterez un coup d'œil sur les meubles et vous commencerez à vous fixer un peu. J'ai à écrire une lettre pressée qu'il faut que je fasse porter tout de suite... Je suis à vous dans un instant... Alors, c'est bientôt le mariage de votre fille... de votre cousine, madame ?

Mme GIRAUT. — Dans six semaines.

Mme EDMOND. — Je crois que je connais le fiancé, M. Lombard.

Mme GIRAUD. — Oh ! c'est un homme charmant !... Demandez à ma cousine. Il n'est plus tout à fait de la première jeunesse...

Mme EDMOND. — Non, mais enfin, il n'est pas extraordinairement âgé... Il a dans les cinquante-cinq ans, n'est-ce pas ?

Mme GIRAUT. — Quarante-neuf.

Mme EDMOND. — Et Mademoiselle votre fille, vous m'avez dit son âge, il y a trois mois... Elle a dix-neuf ans ?

Mme GIRAUT. — Non ! non ! vingt-deux ans... même près de vingt-trois ans... On m'a un petit peu déconseillée de différents côtés... Il y a des personnes qui étaient d'avis, d'autres personnes qui n'étaient pas d'avis... J'ai hésité, naturellement ! Demandez à ma cousine. Quand il s'agit de la vie d'une enfant... Evidemment, ça fait une

petite différence d'âge, mais ça vaut mieux que d'épouser un homme trop jeune...

Mme EDMOND. — Certainement ! Certainement ! (*A Henri qu'elle trouve assis sur l'escalier.*) Monsieur Henri, qu'est-ce que vous faites là ? Il y a des clientes ! Voulez-vous montrer des meubles de salle à manger et de chambre à coucher à ces dames ? (*A Mme Giraut.*) Je suis à vous dans un instant... Excusez-moi, n'est-ce pas ?

Mme GIRAUT. — Mais faites donc !

(*Mme Edmond sort par la droite.*)

SCÈNE V

HENRI, Mme GIRAUT, Mme HENRIET, puis Mme EDMOND.

HENRI, *s'approchant. Il est très distrait, très préoccupé.* — Mesdames ?

Mme GIRAUT. — Nous voudrions quelque chose de très seyant pour chambre à coucher d'un jeune ménage.

HENRI, *avec un soupir.* — Oui ! Oui...

Mme GIRAUT, *à Mme Henriet.* — Comme ce petit canapé est charmant !

Mme HENRIET. — Oh ! ravissant ! Comme ces fleurs sont gaies !

Mme GIRAUT. — J'ai peur qu'il ne soit pas très solide. (*A Henri.*) Est-ce qu'il est très solide ?

HENRI, *égaré.* — Quoi ?

Mme GIRAUT. — Ce petit canapé. Je vous demande s'il est très solide.

HENRI, *distrait.* — Non.

Mme Giraut, *à Mme Henriet.* — C'est une maison de confiance. (*A Henri.*) Je vais vous dire, monsieur, ce que je désirerais pour ma fille... Je trouve que c'est déjà beaucoup pour le bonheur d'un jeune ménage que d'avoir des meubles gais...

Henri. — Oh ! ce n'est pas ça qui a de l'importance ! Il n'y a absolument qu'une chose essentielle dans la vie, c'est l'amour. Choisissez deux êtres jeunes et bien assortis, ne vous occupez jamais d'autre chose.

Mme Giraut, *timide.* — Oui, vous avez raisonn... Mais je crois tout de même qu'un homme un peu âgé peut rendre heureuse une femme, aussi bien et peut-être mieux qu'un homme jeune...

Henri. — Non, non. Ne croyez pas ça.

Mme Giraut. — Pourtant, ma fille épouse un homme âgé... Ne croyez-vous pas...

Henri, *fatidique.* — Elle ne sera pas heureuse... Il n'y a que l'amour !... Le reste ne signifie rien... On parle de position, de situation... Est-ce que la position, la situation feront naître du bonheur entre deux êtres, si ces deux êtres ne sont pas assortis, s'ils ne sont pas faits pour se comprendre, pour s'aimer? Il faut penser à la responsabilité qu'on encourt quand on marie une jeune fille contre ses aspirations... C'est une responsabilité terrible !... Ces sentiments profonds, cette pénétration de deux êtres, cette pensée qu'on n'est plus seul dans l'existence. Quand on n'a pas ça, la vie est incolore, la vie n'est plus rien... (*Exalté.*) Qu'est-ce que vous voulez qu'on fasse, qu'on devienne, quand on est privé de ça? (*Changeant de ton.*) Parlons affaires. Qu'est-ce qu'il vous faut? Nous avons des salles à manger complètes, buffets crédence, tables à rallonges, chaises en cuir de Cordoue, articles très avantageux ; meubles de chambre à coucher, thuya, palissandre, prix défiant toute concurrence, un petit guéridon... (*Regardant une étiquette que Rémy a rattachée par erreur au guéridon.*) Mille deux cent cinquante francs.

Mme Giraut. — Je vous remercie.

Henri. — Une grande armoire sculptée : vingt-sept francs.

Mme Henriet. — Il y a des choses pas cher.

Mme Giraut, *à Mme Henriet.* — Oui, oui. Mais ce qu'il m'a dit m'a fait un effet extraordinaire...

Mme Edmond, *revenant.* — Eh bien ! madame, vous avez un peu fixé vtre choix ?

Mme Giraut. — Non, non. Je reviendrai... Je préfère revenir... Je ne suis pas très en train d'acheter des meubles, aujourd'hui... Et puis. ce qu'on m'a dit de divers côtés... ce que m'a dit Monsieur, tout cela me donne à réfléchir.

Mme Edmond. — Qu'est-ce que vous a dit ce monsieur?

Mme Giraut. — Il m'a fait penser à certaines considérations... Nous reviendrons, madame, nous reviendrons...

(*Elles sortent.*)

SCÈNE VI

Mme EDMOND, HENRI, puis REMY.

Mme Edmond. — Eh bien ! qu'est-ce que vous avez dit à ces dames ?

Henri. — Rien... Simplement qu'il fallait réfléchir avant de donner sa fille à un homme âgé. C'est une bonne action que j'ai faite.

Mme Edmond. — Mais est-ce que ça vous regarde ? Vous en avez une façon de faire l'article aux gens ! Vous êtes là pour leur offrir des meubles, et pas pour leur faire de la morale. (*Un temps.*) C'est un peu fort, ça !

Rémy, *entrant.* — Madame, il y a là des personnes qui vous demandent à l'annexe... Ce sont des personnes qui viennent pour un ameublement complet.

Mme Edmond. — J'y vais. (*A Rémy.*) Et puis s'il vient du monde, faites-moi chercher. Que Monsieur ne s'occupe pas trop de la vente.

(*Elle sort.*)

SCÈNE VII

HENRI, LOUISE, puis BERTHE.

Rémy, *entrant, à Louise.* — Voila justement le monsieur que vous demandez. (*A part.*) C'est sa bonne amie. (*A Louise.*) Soyez tranquille, ma bonne dame, je vous laisse avec lui. Je vous laisse toute seule avec lui... Moi, vous savez, je comprends les choses. (*Il rit.*) Je comprends les choses.

(*Il sort. Henri est assis, accablé, sur un fauteuil. Il n'a pas vu Louise qui s'approche du fauteuil.*)

Louise. — Il n'y a pas moyen de se faire servir dans cette boîte ?

Henri *se lève precipitamment et demeure effaré en apercevant la jeune fille.* — Mademoiselle Louise !

Louise. — Vous ne vous attendiez pas à me voir, hein ?... Vous vous êtes bien caché, bien à l'abri des recherches... Je suis allée à hôtel où je savais que vous habitiez ces temps derniers. On y avait complètement perdu votre trace. Et c'est le valet de chambre de Berthe qui, en passant dans la rue, vous a aperçu derrière la vitrine, par le plus grand des hasards... Il en a fait la confidence à Léontine, la femme de chambre. Or, Léontine n'a pas de secrets pour moi. Je lui ai bien recommandé de n'en pas souffler mot à Berthe... Mais, enfin, c'est inouï que vous l'ayez quittée comme ça, sans écrire un mot, à elle, que vous n'ayez pas cherché à la revoir !

Henri. — Mais elle, a-t-elle cherché à me revoir ?

Louise, *l'imitant.* — Mais elle, a-t-elle cherché à me revoir ? C'est ce qu'on appelle des gens qui s'aiment, mettons... qui se sont aimés. Ils font de la dignité... Entre des gens de cette espèce, rien ne se passe comme chez les personnes ordinaires... qui, elles, au moins, tâchent de s'expliquer... (*Un temps.*) Vous ne voulez pas vous expliquer... Vous êtes comme des petits enfants qui ont le cœur gros... Berthe, encore, ça se comprend qu'elle n'ait pas cherché à vous revoir... Avait-elle seulement votre adresse ?

Henri. — Elle savait à quel hôtel j'étais... J'ai envoyé deux fois par jour à cet hôtel pour voir s'il n'était rien arrivé à mon nom.

Louise. — Et puis, vous écrivez une lettre où vous vous représentez vous-même comme la dernière des canailles. Moi, je n'y crois pas à votre lettre. Elle est peut-être vraie... mais jamais vous ne me le ferez croire.

HENRI. — Elle y a cru, elle !

LOUISE. — Elle y a cru parce que cela faisait son malheur... Elle y a cru parce qu'elle n'a pas osé ne pas y croire. Mais rien de ce que vous lui disiez n'était vrai, n'est-ce pas ?

HENRI, *avec effort*. — Tout était vrai.

LOUISE. — Oui !... C'est curieux ! Plus vous me le dites, moins j'y crois... Je ne peux pas m'habituer à vous considérer comme une canaille. Je ne vous vois pas faisant le mal. Je vous verrais, de mes yeux, ouvrant le coffre-fort de votre patronne que je donnerais tort à mes yeux... Je dirais qu'ils se trompent et que j'ai quelque chose en moi-même de plus sûr que mes yeux.

HENRI. — Voilà ce qu'elle aurait dû me dire !

LOUISE. — Oui, mais elle n'a pas pour vous, comme moi, des sentiments de simple amitié. Elle ne vous aime que d'amour, elle ! Alors, elle n'a pas confiance... Mais ce n'est pas seulement pour vous dire ça que je suis venue ici. Je veux que vous voyiez Berthe... (*Silence.*) Je veux que vous voyiez Berthe... (*Nouveau silence.*) Il ne répondra rien. Ah ! vous vous valez bien, elle et vous !

HENRI. — Elle n'a pas accepté de me voir ?

LOUISE. — Elle ne sait pas qu'elle vous verra. Je l'amènerai ici. Si je lui proposais de venir, elle en mourrait d'envie, mais sa dignité l'en empêcherait... Elle viendra tout à l'heure choisir des meubles.

HENRI. — Ah ! oui ! des meubles !

LOUISE. — Vous savez qu'elle se marie ?

HENRI, *atterré*. — Elle se marie ?

LOUISE. — Vous ne le saviez pas ?

HENRI. — ... Si, je le savais. Mais ça me fait tout de même un drôle d'effet de vous l'entendre dire.

LOUISE. — Elle se laisse marier par le pauvre père Gonthier qui se figure bêtement que ça lui changera les idées... Car le père Gonthier, dans cette histoire-là, est aussi bête que sa fille... Et ce n'est pas peu dire !

HENRI. — Je veux bien avoir une entrevue avec Mlle Gonthier.

(*Louise se met à rire.*)

LOUISE, *reprenant son sérieux*. — Elle s'appelle Berthe.

HENRI. — Plaît-il ?

LOUISE. — Je vous le dis parce que vous avez l'air d'avoir oublié son nom.

HENRI. — Il est bien entendu que c'est une simple explication, que ce n'est pas un rapprochement ?

LOUISE. — Qui est-ce qui vous parle de ça ? Il n'en a jamais été question.

HENRI. — Alors, dans ces conditions...

LOUISE. — Vous voulez bien ?

HENRI. — Soit !...

LOUISE. — Eh bien ! j'ai du mérite... Jamais je n'aurais cru que vous accepteriez si vite. Je savais que vous y teniez énormément ; alors, je pensais avoir beaucoup plus de mal à vous décider.

HENRI. — Mais il est bien entendu qu'il ne s'agit pas...

LOUISE. — ... D'un rapprochement... Encore une fois ! Mais qui est-ce qui vous en parle ? Il est extraordinaire avec ses idées de rapprochement ! Je reviens tout à l'heure avec elle, sans avoir l'air de rien... Dans dix minutes, nous sommes là.

(Elle sort par la porte de la rue, au moment où Rémy entre par le fond.)

RÉMY. — Pardon, monsieur, il y a un monsieur qui est entré par la porte de l'annexe, sur l'autre rue. C'est un député...

HENRI. — Un député ?

RÉMY. — J'en ai déjà vu un, je sais comment ils sont habillés... Entrez donc par ici. Entrez donc, monsieur le député.

(Entre Thibaudel.)

SCENE VIII

HENRI, THIBAUDEL.

THIBAUDEL. — Mon vieux, c'est moi. Tu as passé l'autre jour à la pension et c'est la bonne femme qui m'a donné ton adresse actuelle... Je viens comme il y a quinze jours. On a présenté une petite traite de trente-quatre francs...

HENRI. — C'est vrai. Ils m'avaient forcé à accepter ce règlement à des échéances très rapprochées.

THIBAUDEL. — Et tu avais accepté en pensant que ça n'arriverait pas. C'est curieux comme le 15 de chaque mois ou le 30 semblent loin tant qu'on n'arrive pas à la veille !

HENRI. — Je vais te donner trente-quatre francs.

THIBAUDEL. — Tu vas encore payer cette traite ? Mais si tu les payes toutes ils continueront à en présenter ! Tu vas payer. Mais ils ne vont rien y comprendre !... Et qu'est-ce que tu fiches dans ce magasin ? Tu achètes des meubles ?

HENRI. — Non j'en vends... C'est-à-dire... que je suis là pour en vendre.

THIBAUDEL. — Et ton mariage ?

HENRI. — Il ne se fait pas. Je suis parti de là-bas...

THIBAUDEL. — Tu as l'air très content de ça ?

HENRI. — Je ne suis pas de mauvaise humeur aujourd'hui...

THIBAUDEL. — Mais alors, si tu es parti de là-bas, pourquoi n'es-tu pas venu bridger avec nous ?

HENRI. — Mon vieux, j'ai passé de sales moments... J'ai été très malheureux...

THIBAUDEL. — Ça va mieux aujourd'hui ?

HENRI. — Oui, ça a l'air d'aller mieux...

THIBAUDEL. — Tu as trouvé une place ?

HENRI. — Oui, un petit emploi.

THIBAUDEL. — Et ta patronne est contente de toi ?

HENRI, *détaché.* — Très mécontente... Je ne fais l'affaire du tout.

THIBAUDEL. — Elle va te flanquer à la porte ?

HENRI. — Je m'en fous...; aujourd'hui, je ne suis pas de mauvaise humeur... (*Brusquement.*) Elle va venir, mon vieux ! Elle sera ici dans sept minutes... nous aurons une explication...

THIBAUDEL. — Je ne suis pas très au courant.

HENRI. — Ah ! tâche de comprendre... Il ne s'agit pas d'un rapprochement... mais enfin on va s'expliquer... on ne sera pas ennemis... J'en ai assez d'être ennemi avec elle... Elle n'a pas été très gentille pour moi, elle aurait pu répondre à la lettre que j'avais écrite à son père... Mais enfin, j'ai été tellement infâme avec elle ! Quand je pense, entends-tu ? que je l'avais vue, que je l'avais aimée et que j'ai accepté les propositions de Barthazard... Tu m'entends ?...

THIBAUDEL. — Je t'entends, mais je ne te comprends pas très bien.

HENRI. — Ça ne fait rien.

THIBAUDEL. — Ça ne fait rien... Alors qu'est-ce que je dois faire pour ces trente-quatre francs ?

HENRI. — Attends, je vais voir si je les ai... Voilà toujours vingt-cinq francs.

THIBAUDEL, *déçu*. — Tiens ! Tu as de la monnaie ?

HENRI. — Oui, j'en ai.

THIBAUDEL. — Non, mais là-bas on aurait pu m'en rendre... La publicité va mal en ce moment. J'ai une affaire de publicité lumineuse en plein boulevard. Seulement, c'est sur la cour. Alors, les clients font des difficultés... J'avais pensé que si tu avais un billet de cinquante francs j'aurais pu faire la monnaie, que je l'aurais rapportée un peu plus tard.

HENRI. — Mais je n'ai pas du tout cinquante francs... Je ne sais même pas si j'ai trente-quatre francs. Les temps sont changés. Tiens, voilà tout de même... vingt-huit... vingt-neuf... trente et un francs... Ah ! nous arrivons... J'ai encore des sous par là...

THIBAUDEL. — Tu n'auras jamais assez de sous...

HENRI. — Trente et un francs quatre-vingt. J'ai encore des timbres par là... (*Regardant dans son portefeuille.*) dix-sept timbres à deux sous, ça nous met juste à trente-trois francs cinquante... Ah ! bigre !... Si près du but ! Ah ! attends ! (*Il regarde dans une de ses poches.*) Voilà deux petits bleus qui n'ont pas servi... Tu pourras peut-être te les faire rembourser au bureau à côté de chez nous. Ils m'ont déjà fait ça... Ça fera même trente-quatre francs dix... mais ça n'a pas d'importance.

THIBAUDEL. — Tu n'as donc pas encore touché ton mois ?

HENRI. — Je suis ici depuis deux jours, c'est de l'argent qui me reste sur ce que m'a donné Barthazard... A propos, j'ai demandé une avance à la patronne... Je lui dois quelques louis... Je voudrais les lui rembourser tout de suite. Veux-tu être assez gentil pour passer, en t'en allant, à cette adresse, chez Barthazard ?... Tu lui diras de venir le plus tôt possible. Comme ça il me donnera des renseignements sur ce qui s'est passé.

THIBAUDEL. — Au revoir.

HENRI. — Tiens ! comme tu es froid !

THIBAUDEL. — Non, je ne suis pas froid !

HENRI. — A un de ces jours... En tout cas, à la prochaine traite...

THIBAUDEL. — Je ne sais pas si je pourrai, tu sais.

(*Il sort par le fond.*)

SCÈNE IX

RÉMY, HENRI.

RÉMY. — Voilà le camion qui rentre. Il faut venir remplacer la patronne à la récep-

— Qu'est-ce qu'il vous faut? Nous avons des salles à manger complètes...

— C'est un caprice de petite fille...
— Un caprice de petite fille qui va briser ma vie...

XIII

Photo-Film : Cinéromans.

— *Pourquoi avez-vous fait cela? Pourquoi est-ce que vous m'avez menti?*

XIV.

Photo-Film : Cinéromans.

— *Ah! je suis bien heureuse. Je puis l'épouser maintenant...*

XV.

tion des marchandises. (*Regardant Henri, qui paraît plus dispos.*) Il s'y met ! Il s'y met ! (*Avec jovialité.*) V'là l' camion ! V'là l' camion !

(*Ils sortent par le fond. Berthe et Louise entrent, l'instant d'après par la porte de droite.*)

SCÈNE X

BERTHE, LOUISE, JEANNE, puis
Mme EDMOND

BERTHE. — Mais enfin, qu'est-ce que c'est que ce magasin ?

JEANNE, *avec un coup d'œil d'intelligence à Louise.* — Mais enfin, qu'est-ce que c'est que ce magasin ?

LOUISE. — Oh ! c'est un magasin extraordinaire. Je ne comprends pas comment tout Paris n'y vient pas !... Il y a de très jolis meubles !...

BERTHE, *en regardant autour d'elle.* — Mais je ne vois rien de merveilleux...

LOUISE. — Il faut parcourir le magasin... Tu verras, tu verras !... Il y a des choses qui t'étonneront.

(*Mme Edmond arrive.*)

Mme EDMOND. — Qu'est-ce que ces dames désirent ?

LOUISE. — Pas mal de choses.

JEANNE. — Pas mal de choses...

LOUISE. — Voulez-vous faire venir un vendeur ?

Mme EDMOND. — Henri ! Henri !

(*Berthe a un léger tressaillement à ce nom.*)

LOUISE, *à Berthe, à mi-voix.* — Il s'appelle aussi Henri. (*Henri, qui était monté par un autre escalier au premier étage, descend à toute vitesse l'escalier qui est au fond. Berthe et Henri, de chaque côté de la scène, restent immobiles d'émotion en s'apercevant. Louise à Mme Edmond.*) C'est pour mademoiselle qui va se marier. (*Mme Edmond s'incline d'un air approbateur. Louise haut.*) C'est nous ses amies, qu'elle veut bien charger de choisir ses meubles.

Mme EDMOND. — Quels meubles désirez-vous voir ?

LOUISE, *vivement.* — Ceux que vous avez au premier.

Mme EDMOND. — Au premier, ce sont les meubles de salle à manger.

LOUISE, *vivement.* — Justement !... (*Elles montent l'escalier.*) Monsieur, pendant ce temps, montrera les meubles de salon.

(*Mme Edmond regarde Henri d'un air un peu inquiet, puis elle suit Louise et Jeanne en feuilletant son carnet.*)

BERTHE, *d'une voix émue.* — Vous avez des meubles de salon, monsieur ?

HENRI, *d'une voix entrecoupée.* — Oui, mademoiselle, nous avons des meubles de salon. Un salon Louis XV, six fauteuils, un guéridon, un canapé, dix-neuf cents francs... Un salon empire, quatre fauteuils, une garniture de cheminée, tout compris deux mille neuf cents francs.

Mme EDMOND, *presque en haut de l'escalier,*

regardant Henri d'un air de pitié. — Il est aussi fait pour vendre des meubles que moi pour danser sur un fil.

BERTHE. — Vous n'avez rien de Louis XVI ?

HENRI. — Non.

Mme EDMOND, *se retournant.* — Comment, non ?

HENRI, *vivement* — Si, nous avons des quantités de modèles Louis XVI : huit fauteuils, deux canapés, imitation de Beauvais, figures ou fleurs à volonté.

Mme EDMOND *s'en allant.* — S'il arrive à quelque chose !

LOUISE, *paraissant, à Mme Edmond.* — Madame, nous avons vu une très jolie armoire là-bas. Voulez-vous venir la montrer à mon amie ?

Mme EDMOND. — Où ça, mademoiselle ?

LOUISE. — Tout là-bas... Tout là-bas...

(Elle la fait passer devant et reste un moment au haut de l'escalier. Henri et Berthe se regardent en silence.)

BERTHE, *très doucement.* — C'est un guet-apens de Louise, mais je ne lui en veux pas. Je ne suis pas fâchée de vous revoir une dernière fois et de vous dire que je vous pardonne.

HENRI, *après un silence.* — Vous ne pouvez vous imaginer à quel point vos paroles me font du bien.

LOUISE, *à elle-même.* — Ils ont l'air déjà d'accord... Mais ça me fait l'effet de marcher un peu vite.

(Elle sort.)

HENRI, *à Berthe.* — Vous m'avez fait bien du mal.

BERTHE. — Moi ? Mais comment pouvez-vous dire ! Qu'est-ce que vous avez à me reprocher ?

HENRI. — Ce ne sont pas des reproches, je n'ai pas le droit de vous en adresser, ce sont des constatations. Je constate que vous n'avez pas songé à me revoir, et vous avez songé tout de suite à vous remarier... à vous marier...

BERTHE. — Mais comment ? C'est vous qui êtes parti... Vous avez écrit une lettre où vous vous accusiez de m'avoir menti...

HENRI. — Et ça vous a suffi ? Parce que j'avais écrit une lettre, je devenais tout à coup un réprouvé, un paria...

BERTHE. — Vous vous en accusiez vous-même !

HENRI. — Il fallait me défendre ! Et si j'avais trouvé chez vous un amour véritable, eh bien, nous nous serions séparés, mais vous ne m'auriez pas laissé partir comme ça...

BERTHE. — Alors, vous croyez que je ne vous aimais pas ?

HENRI. — Vos sentiments n'avaient rien de profond, j'en ai fait l'expérience.

BERTHE, *irritée.* — Mais vous offensez mes sentiments. *(Elle s'arrête.)* Mais pourquoi nous disons-nous des paroles dures ?... Nous n'étions pas venus ici pour ça. Seulement, vous voyez, il y a quelque chose d'irrémédiable entre nous... Nous avons essayé de nous parler, nous n'avons pas pu... Au revoir. Tâchons de nous consoler. Il ne nous reste qu'à nous séparer...

HENRI. — Il ne vous reste qu'à oublier...

BERTHE. — Ça ne sera peut-être pas commode.

Henri. — Allons donc ! Je sais ce que vous avez pour moi... C'est un caprice de petite fille...

Berthe. — Un caprice de petite fille qui va briser ma vie.

(Entre un vieux monsieur décoré.)

Henri. — Oh ! qu'est-ce que c'est que ça ? C'est insupportable !

SCÈNE XI

HENRI, BERTHE, UN VIEUX MONSIEUR

Le vieux monsieur. — Cette bibliothèque Louis XV que vous avez en montre ?

Henri, *vivement.* — Vendue ! C'est vendu !

Le vieux monsieur. — Ah ! tant pis ! tant pis !... Mais vous pourriez peut-être m'en faire une semblable.

Henri. — C'est que...

Berthe, *bas.* — Dites que vous ne refaites jamais vos modèles...

Henri. — Nous ne refaisons jamais nos modèles...

Le vieux monsieur. — Ah ! tant pis ! tant pis ! Eh bien, au revoir, monsieur. (*Il va pour sortir. Revenant.*) Mais vous devez certainement avoir des petites tables de bureau ?

Berthe, vivement. — Non, non, rien qui vous convienne...

Henri. — Vous aurez ça un peu plus haut, dans la rue...

Le vieux monsieur. — Merci bien...

Henri. — Au revoir, monsieur. (*Il le pousse doucement*)... Un caprice de petite fille... (*Le monsieur se retourne, étonné.*) Non, non, ce n'est pas à vous.

(Il continue à le pousser doucement et ferme la porte.)

SCÈNE XII

HENRI, BERTHE

Henri. — Je vous disais que ce n'est que par un caprice de petite fille...

Berthe. — Et moi je vous disais que ce caprice avait brisé ma vie...

Le vieux monsieur, *rouvrant la porte.* — Le magasin d'ameublement, en haut dans la rue, est-ce à droite ou à gauche ?

Henri. — Des deux côtés... (*Il le pousse et ferme la porte à clef.*) Vous n'êtes pas en peine de la reconstituer, votre vie, je suis bien tranquille.

Berthe. — Mais certainement, je ferai mon possible pour vous oublier. D'ailleurs, qu'est-ce que ça peut vous faire ? ça vous est bien égal...

Henri, *levant les yeux au ciel.* — Bien égal !... Je dirais le contraire que vous ne me croiriez pas...

Berthe. — Mais vous n'avez même pas la force de dire le contraire.

Henri. — Allez ! allez ! Je m'épuise en dénégations, je me heurte à une incrédulité voulue, résolue... Et moi qui voudrais tant vous convaincre... (*Sonnerie du téléphone.*) Ah ! on n'est pas tranquille une minute ! (*Il décroche l'appareil, la sonnerie continue.*) Avec ce nouveau système, ça sonne encore une fois décroché. (*Il prend l'appareil.*) Je vais leur dire qu'ils se trompent de numéro.

BERTHE. — Alors ils n'arrêteront pas de sonner.

HENRI. — Allô ! allô ! Je suis la maison... (*A Berthe.*) Oh ! je suis tellement affolé !... Je ne sais plus le nom de la maison d'ici.

BERTHE. — Moi non plus.

HENRI. — Lisez-le à l'envers sur la porte vitrée.

BERTHE, *essayant de lire à l'envers.* — Ten... cag...

HENRI, *dans l'appareil.* — Oui, oui... la maison Gachinet...

BERTHE, *vérifiant machinalement.* — En effet... Gachinet.

HENRI, dans l'appareil. — Bien! Bien ! La patronne n'est pas ici.. Elle est en course... Elle reviendra dans... dans deux heures... Vous allez me donner la commande ? (*Résigné.*) Bien... la personne va venir ? Qu'elle se dépêche... (*A Berthe.*) C'est une maison concurrente qui est pressée et qui nous passe une commande... (*Après un soupir et toujours l'appareil en main.*) Quand je vous ai trompée, c'est sur ma situation... ma position dans la vie... ça n'a jamais été sur mes sentiments... Je vous aimais...

BERTHE. — Mais non.

HENRI. — Mais si, je vous jure... Ah ! voilà !... Laissez-nous, mademoiselle, nous causons... (*A Berthe.*) Ah ! c'est la personne... (*Dans l'appareil*) Oui, j'ai ce qu'il faut pour écrire la commande... Douze chai-

ses de salle à manger, noyer et cuir repoussé... J'écris... j'écris...

(Il n'écrit pas.)

BERTHE. — Ecrivez, ils vont vous faire répéter...

HENRI. — Je n'ai pas de crayon.

BERTHE, *prenant un crayon et une feuille de papier dans le bureau.* — Attendez !... (*Elle écrit.*) Douze chaises de salle à manger, noyer et cuir repoussé...

HENRI. — Deux dressoirs noyer...

BERTHE, *écrit.* — Deux dressoirs noyer...

HENRI, *dans l'appareil.* — Une table de trois mètres sur cent trente-cinq. (*Berthe écrit.*) Bien ! Bien ! Je vais répéter.

BERTHE, *lisant.* — Douze chaises de salle à manger, noyer et cuir repoussé...

HENRI, *dans l'appareil.* — Douze chaises de salle à manger, noyer et cuir repoussé...

BERTHE, *lisant.* — Deux dressoirs noyer.

HENRI, *dans l'appareil.* — Deux dressoirs noyer.

BERTHE, *lisant.* — Une table de trois mètres sur... Je lis mal les chiffres...

HENRI, *dans l'appareil.* — Une table de trois mètres sur... (*Il écoute.*) cent trente-cinq...

BERTHE. — Et quatre allonges.

HENRI, *dans l'appareil.* — Et quatre allonges... (*Parlant à l'appareil.*) Eh bien, écoutez, vous dites pour dans... cinq jours ? c'est entendu, pour dans cinq jours...

BERTHE. — C'est court.

HENRI, *vivement dans l'appareil.* — C'est court... la fabrication dit que c'est court. (*Après avoir écouté.*) Eh bien, ça ne fait rien, allez-y... dans cinq jours... on s'organisera...

(*Brusquement.*) Au revoir ! (*Il raccroche l'appareil.*) Enfin voilà une commande qui sera exécutée fidèlement... Ça va bien mieux... depuis que nous sommes deux.

BERTHE. — Oui, ça va mieux...

HENRI. — Ce serait si bien si vous étiez avec moi dans ce magasin... Tout ça ne serait pas arrivé... Je n'aurais pas eu besoin de dire que je gagnais soixante-dix mille francs par an.

BERTHE. — Pourquoi avez-vous fait cela? Pourquoi est-ce que vous avez menti? Comment voulez-vous que je vous croie?

HENRI. — Je vous ai menti ! Je vous ai menti...

BERTHE. — Donnez-moi une explication... Vous ne me donnez aucune explication... Vous voyez, c'est curieux, il me semble que je ne vous en veux pas ! Quand nous nous parlons de nos affaires, nous nous disputons, et puis quand nous écrivons comme ça, des commandes, nous ne pensons plus à nous disputer...

HENRI. — On a l'impression d'être d'accord ensemble.

BERTHE. — D'être bien d'accord ensemble. (*On entend le bruit de quelqu'un qui essaye d'ouvrir la porte.*) Oh ! qu'est-ce que c'est que ça?

HENRI. — C'est le vieux type qui revient. Il n'a pas trouvé le magasin d'ameublement dans la rue, ça ne m'étonne pas. Il n'y en a pas !

(*Coups à la porte.*)

BERTHE. — Laissons-le taper.

(*Nouveaux coups.*)

HENRI. — Il va ameuter la maison. (*Il va à la porte.*) Inventaire ! Inventaire ! On fait l'inventaire ! (*A Berthe.*) Qu'est-ce que nous disions? Il me semble qu'on était un peu moins fâchés...

BERTHE. — Je ne suis pas fâchée, mais il y a quelque chose entre nous d'abîmé.

Henri. — Pourquoi? Pourquoi?

BERTHE. — Mais parce que vous m'avez menti... Alors je dis que vous m'avez toujours menti... Cette heure que nous avions passée ensemble au bal d'Alice, c'était le souvenir le plus exquis de ma vie, et je pense que vous n'étiez pas sincère...

(*Elle s'assoit sur une chaise et se met à pleurer.*)

HENRI. — Mais si, j'étais sincère... Mais si, à ce moment, je ne savais pas qui vous étiez.

BERTHE *se levant brusquement.* — Comment? A ce moment vous ne saviez pas qui j'étais?

HENRI. — Mais non, voyons... Ce n'est qu'après que Barthazard... (*Se reprenant.*) Ce n'est qu'après que j'ai raconté à Barthazard que j'avais une riche position... j'ai tort de vous dire ça, c'est beaucoup plus infâme...

BERTHE. — Mais non, si c'est comme ça, ce n'est pas plus infâme...

HENRI. — Comment ! Puisque c'est après vous avoir rencontrée et aimée que j'ai commencé à vous mentir.

BERTHE. — ... Si c'était comme ça, je ne vous en voudrais pas... Vous me rencontrez d'abord... vous m'aimez... vous voulez m'épouser. Alors vous avez employé, pour m'épouser, tous les moyens...

HENRI. — ... les plus coupables.

BERTHE. — Ah ! non ! ce n'était plus des moyens coupables puisque vous m'aimiez... (*On essaye d'ouvrir la porte.*) C'est encore le vieillard !

HENRI. — Il est embêtant !

BERTHE. — Ah ! laissez-le taper... Il se lassera.

(Coups à la porte.)

HENRI. — Il y a pas moyen d'être tranquilles.

BERTHE, *reprenant l'entretien.* — Je n'ai plus confiance...

SCÈNE XIII

LES MÊMES, LOUISE, GONTHIER, HERBERT.

LOUISE, *paraissant en haut de l'escalier.* — Eh bien, dites donc, vous vous êtes enfermés... Je viens de regarder par la fenêtre, en haut ; tu sais qui est à la porte ?

(Coups à la porte.)

HENRI. — Mais oui. C'est un client !

LOUISE. — C'est le père de Berthe, accompagné de son fiancé.

(Coups à la porte.)

BERTHE. — Mon père ici ?

LOUISE. — Oui, c'est moi qui l'avais convoqué. Par exemple, je n'avais pas besoin d'Herbert.

BERTHE. — Eh bien, il faut leur ouvrir.

HENRI. — Il faut leur ouvrir ?

LOUISE. — Mais oui.

(Elle va à la porte. Entrent Gonthier et Herbert.)

GONTHIER, *entrant et apercevant Henri et Berthe alignés.* — Qu'est-ce que ça veut dire ? (*Il regarde Herbert.*) Qu'est-ce que ça veut dire ?

HERBERT, *rentrant à sa suite.* — C'est moi qui vous le demande... (*Il regarde Henri et Berthe.*) C'est pour me faire voir ça que vous m'avez amené ici ?

GONTHIER. — Mais je ne savais pas. (*A Henri.*) Qu'est-ce que vous faites ici, monsieur ?

HENRI. — Mais je suis chez moi.

GONTHIER. — Chez vous ? Vous êtes tapissier ?

HENRI. — Employé... à cent soixante-quinze francs par mois. (*Fièrement.*) Chiffre exact.

GONTHIER, *curieusement, à Berthe.* — Qu'est-ce que tu fais ici ?

HERBERT. — C'est sur ce ton que vous parlez à votre fille que vous trouvez avec Monsieur ?

GONTHIER. — C'est vrai. (*Sévèrement.*) Qu'est-ce que tu fais ici, toi ?

BERTHE. — Oh ! papa, sur quel ton me parles-tu ?

GONTHIER, *timidement.* — C'est lui qui me dit...

BERTHE. — D'ailleurs, je te donnerai toutes les explications nécessaires sans que tu prennes ta grosse voix... Mais, d'abord, je veux éclaircir un point d'histoire. (*A Her-*

bert.) Vous avez été mis au courant de la conduite de Monsieur.

(Elle montre Henri.)

HERBERT. — Oui. Et je m'étonne qu'après cela je me trouve en sa présence !...

HENRI, *vivement.* — Mais, monsieur...

BERTHE. — Taisez-vous ! Taisez-vous, l'un et l'autre.

HERBERT. — C'est que...

LOUISE. — Silence !

BERTHE. — Vous savez dans quelles circonstances Monsieur, au bal de l'hôtel, a fait ma connaissance ?

HERBERT. — Et comment, après vous avoir rencontrée, il a décidé de vous épouser.

BERTHE. — C'est ce qui m'intéresse... Ah ! si Barthazard était là, il pourrait nous le dire.

HERBERT. — Je puis vous renseigner. J'ai voulu savoir, et Barthazard, qui est dans ma maison maintenant, m'a tout raconté. Monsieur est venu au bal sans être invité. C'était une espèce de bohème. Là, il vous a vue, vous lui avez plu, paraît-il. Il vous a trouvée charmante, et il a mis tout en œuvre pour vous épouser...

BERTHE. — C'est comme ça que ça s'est passé ?

HERBERT. — Absolument.

BERTHE. — Ah ! merci.

●   *(Elle va à Herbert et l'embrasse.)*

HERBERT, *ravi.* — Ah ! Berthe !

BERTHE, *à Gonthier.* — Ah ! papa ! Je suis bien heureuse. (*Elle va prendre le bras de Henri.*) Je puis l'épouser maintenant...

HERBERT. — C'est trop fort !

LOUISE, *à Herbert.* — Grâce à vous.

GONTHIER. — Je voudrais être mis au courant.

BERTHE. — Papa, j'ai pris des renseignements. Il n'a aucune position en dehors de son emploi ici... un emploi modeste...

HENRI. — Mais très instable.

BERTHE. — Je te demande de lui accorder ma main.

GONTHIER. — Ah ! écoute, ma fille, c'est peut-être un peu vite.

BERTHE, *passant outre.* — C'est entendu.

(Rémy entre.)

RÉMY. — Il y a là un monsieur qui a rendez-vous avec vous. C'est encore un député. Voilà sa carte.

HENRI. — Barthazard !

LOUISE, *à Rémy.* — Amenez-le. (*Sort Rémy.*) Il n'est que juste de l'appeler puisque c'est lui qui a fait le mariage.

HERBERT. — Ce qu'il y a de plus fort, c'est que, pour qu'il me donne un coup de main, je l'ai fait entrer dans ma maison avec de très beaux appointements, une participation sérieuse et un traité de quinze ans en bonne et due forme. Et maintenant, je suis lié pour quinze ans avec M. Barthazard...

LOUISE. — C'est un homme très intelligent qui vous rendra des services.

HERBERT. — C'est possible.

GONTHIER. — Et c'est un homme de confiance.

HERBERT. — C'est bien possible.

(Entre Barthazard.)

RÉMY. — Par ici, monsieur le député.

SCÈNE XIV

LES MÊMES, BARTHAZARD,
puis Mme EDMOND et JEANNE.

BARTHAZARD. — Tiens ! (*Interdit.*) bonjour !

BERTHE. — Monsieur Barthazard, permettez-moi de vous remercier. Le mariage pour lequel vous avez tant travaillé a enfin réussi.

(Barthazard regarde Herbert, qui lui fait signe qu'il ne s'agit pas de lui.)

LOUISE *lui prend la main et montre Henri.* — C'est avec Monsieur.

BARTHAZARD, *après un moment de silence.* — Il ne me reste qu'à te féliciter. Quoi qu'il y ait eu sur le compte de ce jeune homme, ma conviction est qu'il est très honnête. Il a été régénéré par l'amour. L'amour fait des miracles. (*A Henri, à mi-voix.*) La fortune aussi... Je suis désormais un honnête homme...

HENRI. — Ça ne m'étonne pas, tu es capable de tout.

JEANNE, *arrivant au haut de l'escalier.* — Ah ! bien, dites donc, je commence à m'ennuyer là-haut... J'en suis à mon trentième cabinet de travail. Et j'ai une faim !... Mais qu'est-ce que tout ce monde-là ?

Mme EDMOND, *arrivant derrière elle au haut de l'escalier.* — Je vous demande pardon, messieurs et dames. Mais me voilà toute à vous... (*A Louise.*) Voulez-vous que nous voyions ensemble les meubles de salon ?

HENRI, *dans un emportement de joie.* — C'est inutile, madame, c'est inutile !... Le mariage est rompu ?

Mme EDMOND. — Vous êtes fou ! C'est la seconde fois qu'il fait rompre un mariage dans ma clientèle...

LOUISE. — Mais cette fois-ci, c'est pour épouser la fiancée. Et c'est lui qui vous achètera des meubles...

HENRI. — Vous ne m'aurez plus comme vendeur.

BERTHE. — Mais comme client...

HENRI. — Ce sera une façon plus sûre de faire des affaires avec moi.

FIN

Pour paraître le 4 Septembre

LES QUATRE DIABLES par PERCY WEDER

abondamment illustré par les photographies du film

Les Quatre Diables, ce sont deux couples de trapèzistes jeunes, beaux et audacieux qui s'aiment et vivent heureux entre leur amour et leur travail.

Le plus beau d'entre eux, Fritz, au corps magnifique et souple, est remarqué par une femme d'une rare beauté, une grande dame voluptueuse et troublante, qui se plaît à désaccorder les plus beaux instruments humains en les grisant de son amour pervers.

Et pour l'artiste, habitué à la plus rude discipline, c'est en effet l'amollissement fatal, le dégoût de la lutte, la déchéance, la désunion.

Cette histoire dramatique atteint au pathétique par le tableau du long calvaire de la petite partenaire du beau trapèziste. Il y a de tout dans ces pages : de la violence et de la passion, du sang et des larmes, de la fatalité et de la tendresse. C'est un beau roman d'amour à recommander à nos lecteurs.

PRIX : 4 fr.

LES BAS-FONDS DE NEW-YORK par JACQUES FAURE

abondamment illustré par les photographies du film

Un crime mystérieux a été commis dans l'une des rues les plus populeuses des bas-quartiers de New-York.

L'auteur présumé du forfait n'est pourtant pas le coupable. La police se perd en conjectures vaines...

Une jeune et jolie fille, Lyla, dont l'honnêteté a résisté aux assauts audacieux de ses admirateurs, se trouve tout-à-coup en face de l'assassin.

Deux êtres se partagent son amitié... l'un et l'autre sont soupçonnés... Quelle sera l'attitude de la jeune femme ? Livrera-t-elle le coupable ou laissera-t-elle accuser l'un de ses deux camarades pour innocenter l'autre ? Auquel des deux enfin fera-t-elle don de son cœur et de sa vie ?

Autant d'énigmes qui passionneront le lecteur et qu'a résolues pourtant JACQUES FAURE avec sa maîtrise coutumière. Une histoire forte et curieuse qu'il faut lire, un problème angoissant auquel il faut se laisser prendre.

PRIX : 2 fr. 50

2e Série

Format in-4e couronne, couverture en couleurs. Encadrements de forme et de tons variés. Photographies en couleurs

4 fr. le Volume

3e Série Ciné-Or

Format in-4e couronne, couverture en couleurs. Chaque volume contient plus de 100 photographies tirées en HÉLIOGRAVURE

5 fr. le Volume

A côté de la Collection Cinéma-Bibliothèque :
J. ARROY et J.-CH. REYNAUD **ATTENTION ! ON TOURNE !** 4 fr.

Œuvres actuellement projetées sur les écrans. Ouvrages à paraître. — 4 fr. le volume

			SÉRIE CINÉ-OR (5 fr. le vol.)
Le Danseur inconnu	L'Amour en cage	La Femme que l'on désire	Bataille de Titans
Les Quatre Diables	Le Cœur isolé	*La Servante au grand cœur	Perdus au Pôle
Les bas-fonds de New-York	La Grève des Femmes	Dette de Haine	Pour la Paix du Monde
Cousin... Cousine...	Le Requin	Mortelle souillure	

CINÉMA-BIBLIOTHÈQUE

forme très économiquement une belle et riche bibliothèque, dont chaque volume, par son poids léger, sc format commode, est lu agréablement et sans fati…